生涯学習と地域づくりの
ハーモニー 社会教育の可能性

田中　雅文 [監修]

柴田彩千子
宮地　孝宜 [編著]
山澤　和子

学文社

執筆者一覧

*宮地　孝宜　東京家政大学准教授（第1章）

　戸澤　真澄　東京都目黒区教育委員会事務局教育指導課主事（第2章）

　藤田　清子　日本女子大学非常勤助手（第3章）

　石野由香里　法政大学大原社会問題研究所客員研究員（第4章）

　高梨　宏子　東海大学講師（第5章）

　長岡智寿子　田園調布学園大学准教授（第6章）

　井出　祥子　神奈川県藤沢市藤沢公民館館長（第7章）

　井出（田村）志穂　元日本女子大学大学院生（第8章）

　中村（足利）志保　日本女子大学常勤助手（第9章）

*山澤　和子　東京都立広尾看護専門学校講師（第10章）

　倉持　伸江　東京学芸大学准教授（第11章）

　坂口　　緑　明治学院大学教授（第12章）

　北澤　季奈　ベネッセスタイルケア　エリアマネージャー（第13章）

*柴田彩千子　東京学芸大学准教授（第14章）

**田中　雅文　日本女子大学教授（終　章）

（執筆順，**印は監修者，*印は編著者）

はじめに

　生涯学習とは，私たちの生涯にわたるあらゆる機会に経験する学習を包含する大きな概念である。その実態を把握するに際して，私たち一人ひとりの自由な意思に基づく学習活動を，さまざまな音色やメロディを発する楽器にたとえて捉えてみたい。さまざまな個性を有する楽器が集まることによって，例えば，小規模のコミュニティを結成して奏でるアンサンブルや，大規模なコミュニティであるオーケストラが結成される。そこでは，自由な個人演奏とはまた異なるハーモニーがつくられる。本書のタイトル『生涯学習と地域づくりのハーモニー』には，地域社会をこうしたハーモニーが創造される舞台に見立て，個人がさまざまな集団に所属しながら協奏曲を奏でている姿を，地域づくりの営為に重ね，豊かなハーモニーの流れる社会を構築していく期待を込めている。

　このような意図に立脚し，本書は14名の執筆者が多様な専門分野での研究成果をふまえ，地域づくり・コミュニティ形成と人々の学習活動について論じるものである。さらに，生涯学習や地域づくりに関する11名の実践家がコラムを担当し，実際の生涯学習社会の臨場感を醸し出すよう工夫している。

　本書は，4つの部（第1部「地域と学校をつなぐ」，第2部「共に生きる社会をめざして」，第3部「子育て支援をめぐって」，第4部「おとなの学びが未来をひらく」）によって構成されている。各部の概要は，下記のとおりである。

　第1部は地域と学校の関係に着目しており，第1章「学校と地域社会の連携の可能性と課題」は第1部の総論的な位置づけであり，学校と地域社会の関係についての政策と研究をレビューしながら今後の両者の連携の可能性や課題について論じている。第2章「『つながり』が子どもの学力に及ぼす影響」は質的調査によって「つながり」と学力の関係に迫る意欲的な論文となっている。第3章「『学校支援ボランティア』活動における大学生の学び」は学校支援ボ

ランティア活動に焦点を当て，その成果を示すとともに，経験学習モデルにより学びを深める要因について分析している。第4章「地域コミュニティにおける演劇的手法の可能性—大学生と住民の協働」は演劇的手法を用いた取り組みに着目し，大学生と地域住民の協働の可能性をアクションリサーチにより実証的に分析している。

第2部は，共生社会をテーマとしており，第5章「外国につながる子どもの母語学習支援における支援者の意識」は，外国につながる子どもの母語支援者の有する意識が子どもの母語保持育成に与える意味を，インタビュー調査によって考察している。第6章「『夜間中学』という学びの『場』—教育保障をめぐる今日的課題から」は，「夜間中学」の史的変遷とともに，昨今の設置状況や市民レベルでの普及，増設運動についても触れながら，日本社会が抱える基礎教育保障の今日的課題について検討している。第7章「人生100年時代に求められる社会教育事業に関する一考察—ミドルエイジ事業からみる可能性」は，ミドルエイジ（40代から50代）を対象とした神奈川県藤沢市の社会教育事業を事例として，今後の社会教育経営について検討している。

第3部は，子育て期の母親の講座受講や，自主グループ活動における学び・地域活動・地域連携と，母親を支えるボランティア活動に焦点を当てて論じている。第8章「有償ボランティア活動における有償性の意義—ファミリー・サポート・センター事業を事例として」では，子育て支援事業におけるボランティア活動の有償性の観点から，新たな仮設モデルを提示している。第9章「子育て期における母親の学び合いの効果—実践コミュニティとソーシャル・キャピタルの視点から」では，受講生と地域に対するボランティア講座の効果を，実践コミュニティ論とソーシャル・キャピタル論を用い，浮き彫りにしている。第10章「保育つき講座の修了生における意識変容の学習—気づきに着目して」では，講座修了後も自主グループで活動している母親を対象に，意識変容の学びの要である気づきに着目し，保育つき講座の意義を論じている。

第4部は，おとなによる主体的な学び合いが，地域社会を発展させる可能性について論じている。第11章「市民の学びあうコミュニティを地域で育成する」

は，生涯学習ボランティア団体「なかの生涯学習サポーターの会（東京都中野区）」の事例をもとに，実践コミュニティの育成過程とメンバーシップの具体的展開について考察している。第12章「日本における市民大学の系譜と特徴」は，日本において，民間によって自主的に展開された市民大学の系譜をたどることで，日本の生涯学習社会におけるノンフォーマルな学習組織の可能性を論じている。第13章「コミュニティ活動を通じた成人の学習―『人と人とのつながり』をめぐって」は，けやきコミュニティセンター（東京都武蔵野市）に関わる人々の実践に着目し学習の内容とプロセスに着目した分析を行い，人々がつながりあえる可能性とその意義について触れている。第14章「コミュニティ行政と『共助』をつくる防災教育の実践―東京都三鷹市におけるアクション・リサーチ」は，コミュニティ行政の先進自治体である東京都三鷹市において，地域のおとなと子どもが学び合う防災教育の機会が，コミュニティ形成にもたらす事象とは何かを考察している。

　終章は，学習からみた地域づくりの系譜を概観するとともに，上記の各章の論点を整理したうえ，多様に広がる社会教育の可能性を展望したものである。

　本書は長きにわたり生涯学習と地域づくりに関する研究，教育，市民活動に取り組んできた，田中雅文日本女子大学教授にゆかりのある執筆陣によって書かれたものである。多彩な研究や活動に基づくさまざまな視点・論点が提案されており，研究者にとっても，実践者にとっても，新たなアイデアを生み出すための源泉として役立つものと確信している。

　本書を手に取られた皆様には，生涯学習を捉えるさまざまな切り口から，「人々の学び合いが織りなすハーモニーとは何か」を，考えるきっかけにしていただければ幸いである。

　出版状況が厳しい中，本書の刊行を快く引き受けて下さった学文社の田中千津子社長と編集部の落合絵理さん，山谷由美子さんに，心より御礼を申し上げる。

2022年12月吉日

柴田彩千子　宮地孝宜　山澤和子

目　次

第3部　子育て支援をめぐって

第4部　おとなの学びが未来をひらく

第1部
地域と学校をつなぐ

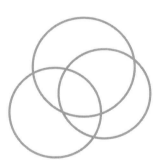

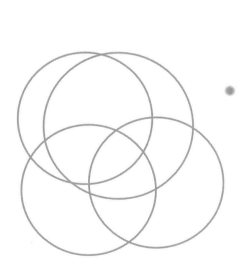

第1章　学校と地域社会の連携の可能性と課題

宮地孝宜

1．はじめに

　本章は，学校と地域社会の連携にかかわる政策や研究動向をレビューしながら今後の両者の連携の可能性について検討することを目的とする。

　学制発布以来，学校は全国各地に整備され，児童生徒の教育の場として整備されてきた。そして，明治以降の長い歴史の中で，学校は存立する地域社会，地域住民にとってさまざまな点において特別な存在となった。一方で，高度経済成長期を契機として学校を取り巻く諸問題が生じてきた。学歴偏重社会が引き起こした過度な受験戦争，いじめや不登校児童生徒の増加，過度な負担による教員の疲弊，地域社会との関係性の希薄化など枚挙に暇がない。また，学校の存立基盤である地域社会も同様に，活動の担い手の減少，地域住民同士の関係性の希薄化，それらによって生じたさまざまな課題が噴出している。

　上記の問題の解決に向けてどのような政策がとられてきたのか，次節以降，学校と地域社会の連携の系譜を辿り，今後の連携の可能性について検討していきたい。

2．学校と地域社会の連携の系譜

　近代学校制度が導入された当時から地域社会と学校の関係は綿密であった。地域に必要な人材は地域の力で育成し，学校は家庭や地域社会と連携協力しながら子どもたちを育んできた[1]。教育力の担い手は地域自らが育て，地域ぐるみ

で子どもたちの成長を支える確かな土台が形成されていたのである。さらに言い換えれば，地域社会に子どもを育む「教育力」が醸成されていたといえよう。

　しかし，高度経済成長を境に，都市化，情報化，核家族化などの進展により，地域社会の様相，地域社会と学校の関係は大きく変化した。文部科学省が2006年に実施した調査によれば，「あなたの住んでおられる地域では，『地域の教育力』はご自身の子ども時代と比べてどのような状態にあると思われますか」という設問に対して，「以前に比べて低下している」とした回答が55.6%を占めている（表1-1）。

表1-1　自分の子ども時代と比較した地域の教育力

（N=2888，単位：%）

以前に比べ低下している	55.6
以前に比べ向上している	5.2
以前と変わらない	15.1
わからない	22.7
不明	1.5

出所：日本総合研究所（文部科学省委託）『地域の教育力に関する実態調査』2006年

　また，同調査では，その理由について17項目の設問を設定した。以下は上位5項目の回答である（表1-2）。

表1-2　地域の教育力が以前に比べて低下している主な要因（上位5項目）

（N=1606）

・個人主義が浸透してきているので（他人の関与を歓迎しない）（56.1%）
・地域が安全でなくなり，子どもを他人と交流させることに対する抵抗が増しているので（33.7%）
・近所の人々が親交を深められる機会が不足しているので（33.2%）
・人々の居住地に対する親近感が希薄化しているので（33.1%）
・母親の就労が増加しているので（30.1%）

出所：表1-1に同じ

　同調査からも，地域社会における地域住民同士の関係性は希薄化し，地域社

会の教育力は低下していることが見て取れよう。ただし，「母親の就労が増加しているので」については，それまで女性が地域社会やPTA等の役割を一手に引き受けていた結果，女性が就労など社会参加したことによって，その担い手がいなくなったと考えるべきである。言い換えれば，これまで男性が地域社会の担い手としての役割を果たしてこなかったことが原因といえよう。

　そして，こうした側面は学校と地域社会の関係に対しても影響を与えていると容易に推測できる。

　このように，言わば弱体化した学校（および家庭）と地域社会の関係を修復し，両者にとってWin-Winの関係づくりを行うため，これまで行政を中心としてさまざまな施策が展開されてきた。以下，それらの政策，取り組みを振り返ってみたい。

(1) 学校開放

　本来学校は児童生徒の教育のための施設である。しかし一方で，学校の持つ教育資源を広く地域社会に開放し，地域住民の学習活動に活かす取り組み，すなわち，学校開放として学校教育の範疇を超えた地域住民の学習の場として学校は機能してきた。なお，学校開放は，社会教育法，学校教育法等にその法的根拠をみることができる。

　ユネスコにおける「生涯教育」の提唱後間もなく，1967（昭和42）年に審議を開始した中央教育審議会は，1971（昭和46）年に「今後における学校教育の総合的な拡充整備のための基本的施策について」を答申した。答申はその前文において「いわゆる生涯教育の観点から全教育体系を総合的に整備すること」を課題の一つとして掲げ，「義務教育以後の学校教育を一定の年齢層の者だけに限定せず，国民一般が適時必要に応じて学習できるようにできるだけ開放すること」と学校開放の重要性について言及している。以来，学校開放は1980年代，1990年代の教育改革議論の中でその重要性が指摘された。さらにこの頃は，地域社会への開放を前提としたオープンな学校建築や社会教育施設との複合化などの施策も講じられ実現に至っている。

また，研究面においては，この時期に岡本包治らを中心に「学校開放」の観点からの生涯学習振興方策が提案されている[3]。

　なお，筆者は当時，学校の機能開放として公立小・中学校において実施された学校開放講座に着目し調査を行った[4]。調査では，学校開放講座の効果として，受講者は開放講座の受講によって教員や学校がより身近に感じられるようになり，児童生徒への関心も高くなるという傾向を示したり，受講者が受講後に当該学校のクラブ活動の支援をする例がみられたりするなど，これまでにない新しい学校と地域社会との相互理解・相互強力関係（地域住民の学校理解の深化や学校支援活動への参画）が形成されることを示した。

　このように，学校開放講座は，学校と地域住民との心的距離を縮め，地域住民にとって学校がより身近な存在となるという効果をもたらした。また，開放講座の講師となった教員からも「社会人である受講者への指導を通して得るものがあった，良い体験ができた」という声が多く聞かれた。学校開放講座は，地域社会，学校教育の双方にとって意義があるといえよう。

(2) 地域に開かれた学校

　学校開放として進められていた施策や取り組みは，「開かれた学校」というアイディアによってさらに推し進められることになる。

　1984（昭和59）年に内閣総理大臣の諮問機関として設置された臨時教育審議会[5]は，1985（昭和60）年6月から1987（昭和62）年8月にかけて，4次にわたる答申を行った。第3次答申（昭和62年4月）では以下の提言を行っている。

　これからの「開かれた学校」の在り方は，単なる学校施設の開放という範囲をこえて，学校施設の社会教育事業への開放，学校の管理・運営への地域・保護者の意見の反映等をはじめとする開かれた学校経営への努力，学校のインテリジェント化の推進など学校と他の教育・研究・文化・スポーツ施設との連携，自然教室，自然学校等との教育ネットワーク，国際的に開かれた学校などへと，よりひろく発展するものと考えられる。

さらに，開かれた学校の考え方は，1996（平成8）年7月に提出された第15期中央教育審議会の答申「21世紀を展望した我が国の教育の在り方について」においても継承される。[6]同答申は，ゆとりの中で「生きる力」を育てる教育への転換をめざして，学校週五日制の導入と新しい精選された教育の実施を提言した。同答申は，2002（平成14）年度から実施された新しい教育課程の基礎となっている。答申の中で開かれた学校について以下の提言を行っている。

　これからの学校が，社会に対して「開かれた学校」となり，家庭や地域社会に対して積極的に働きかけを行い，家庭や地域社会とともに子供たちを育てていくという視点に立った学校運営を心がけることは極めて重要なことと言わなければならない。

　これらの答申は，学校開放（施設開放，機能開放）の充実のみならず，学校運営への保護者・地域住民の参画，多様な主体との連携・ネットワーク構築などを提案している。なお，佐藤晴雄は開かれた学校の考え方は以下の実践として取り組まれたとまとめている。[7]

・説明責任（アカウンタビリティ）と情報公開
・学校評議員制度等による外部の意見の反映
・地域資源（人材や環境）の活用
・学校施設の開放
・学校機能の開放（公開講座等）

　これらの開かれた学校づくりの要素は，以降も引き継がれるとともに，学校運営協議会，地域学校協働活動へと発展することになる。

(3) 学校運営協議会と地域学校協働活動

　学校運営協議会は，2004（平成16）年3月に提出された中央教育審議会答申「今[8]

後の学校の管理運営の在り方について」等により提唱された制度で，「地方教育行政の組織及び運営に関する法律」が改正され，2004（平成16）年9月9日より施行された。一般に，学校運営協議会を設置している学校は「コミュニティ・スクール（CS）」と呼ばれている。

学校運営協議会の主な役割は以下のとおりである。

・校長が作成する学校運営の基本方針を承認する
・学校運営に関する意見を教育委員会又は校長に述べることができる
・教職員の任用に関して，教育委員会規則に定める事項について，教育委員会に意見を述べることができる

2022（令和4）年5月現在，全国の公立学校におけるコミュニティ・スクール（学校運営協議会設置校）の数は15,221校（導入率42.9％）となっており，前年度から3,365校増加し，導入率は9.6ポイント増となっている[9]。

佐藤らが2007（平成19）年に実施した調査[10]によれば，コミュニティ・スクールの成果（設問文：コミュニティ・スクールに設置されてから，学校や地域等にどのような成果が見られたとお考えですか）として，学校が地域に情報提供をするようになった，特色ある学校づくりが進んだ，地域が学校に協力的になった，学校が活性化した，教職員の意識改革が進んだ等が挙げられている（上位5項目）。

一方，地域学校協働活動[11]は，学校支援地域本部事業の実績を踏まえ，2015（平成27）年の中央教育審議会の答申「新しい時代の教育や地方創生の実現に向けた学校と地域の連携・協働の在り方と今後の推進方策について」において提唱された取り組みである。

同活動は「地域の高齢者，成人，学生，保護者，PTA，NPO，民間企業，団体・機関等の幅広い地域住民等の参画を得て，地域全体で子供たちの学びや成長を支えるとともに，『学校を核とした地域づくり』を目指して，地域と学校が相互にパートナーとして連携・協働して行う様々な活動」であり，活動の拠点となる「地域学校協働本部」は，地域学校協働活動を推進するための体制と

して同答申により提言されたものである。同本部の整備にあたっては「地域と学校のパートナーシップに基づく双方向の『連携・協働』を推進し，『総合化・ネットワーク化』へと発展」させること前提とし，以下の3要素をその必須要件としている。

・コーディネート機能
・多様な活動（より多くの地域住民等の参画による多様な地域学校協働活動の実施）
・継続的な活動（地域学校協働活動の継続的・安定的実施）

　2022（令和4）年5月現在，全国の公立学校において地域学校協働本部がカバーしている学校数は，20,568校（導入率57.9％）で，前年度から1,097校（導入率3.2ポイント）増加している。つまり，半数以上の公立学校がその恩恵にあずかっていることになる。

　なお，学校運営協議会と地域学校協働本部は，両輪として「地域人材がそれぞれ相互に構成員を務めるなど，それぞれの知見，経験，課題等の共有により，一体的・効果的な推進」していくことが求められている。

3. 学校と地域社会の連携の可能性

　地域社会には人材や団体，自然や環境など多種多様な教育資源が存在している。学校と地域社会が連携し，それらの教育資源を学校教育に活用したり，子どもから大人までさまざまな学びや体験ができる場を創出したりすることは，子どもの成長，地域全体の教育力向上に大きく貢献するものである。

　樋口惠子は著書において「確かな抽象にたどりつくためには，豊富で多様かつ良質の具体的体験を必要とする」と指摘している。ここでいう「確かな抽象」とは読書によって本から得られる知識や学校教育で教科等において系統的に学習する知識等が想定される。まさに地域社会には「豊富で良質の具体的体験」を可能とする多様な人材や場が存在している。いわゆる学校知を地域社会にお

ける多様な実体験によって得られた知，経験知によってアップデートし，学校知を実際生活に即した応用可能な知へと転換することができるのである。

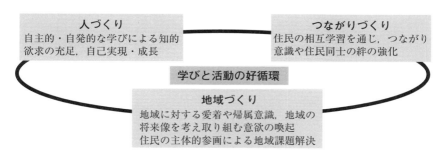

図 1-1　学びと活動の好循環

出所：中央教育審議会「人口減少時代の新しい地域づくりに向けた社会教育の振興方策について（答申）」2018 年

　さらに，学校と地域社会が連携することにより，「人づくり，つながりづくり，地域づくり」（図1-1）へと繋がる学習の場を創出することが可能である。「人づくり」においては，児童生徒の「生きる力」を育むべく学校教育を充実させるために学校と地域社会が連携することが必要不可欠になっている。また，子どもたちの学びを支援する地域住民にとっても，支援それ自体が学習活動であり，知的欲求の充足，自己実現・成長へと導く営みとなる。これらの連携，「住民の相互学習」によって「つながり意識や住民同士の絆の強化」が図られる。そしてそれらは「地域づくり」へと深化していくことが期待できる。

　このように，学校と地域社会の連携は，新しい地域づくりに向けて限りない可能性を秘めているといえよう。

4. おわりに——今後の課題——

　以上のように，学校と地域社会の連携にかかわる政策や研究動向をレビューしながら今後の両者の連携の可能性について検討してきた。

最後に課題を述べておきたい。学校と地域社会の連携の「担い手」[14]をどう育むか，あるいはどう発掘するかという問題である。筆者は以前，K市R地区で実践されていた地域を舞台とした勤労体験学習に注目し事例研究を行った。その中で，これまで学校とかかわりの無かったいわゆる「地域のおじさん（自営業，男性）」が生徒を体験先として受け入れることにより，生徒や学校に対する関心が高まり，積極的に協力したいという気持ちに変化したという話を聞いた。一つの出来事を契機に「担い手」が育まれたのである。そうしたきっかけづくりが重要であり，ごく一部の「担い手」との矮小化した連携から，多様な主体，より多くの地域住民等の参画を図る「しかけ」をいかに作っていくかが今後の課題といえよう。

　さらに，2016（平成28）年の中央教育審議会答申「幼稚園，小学校，中学校，高等学校及び特別支援学校の学習指導要領等の改善及び必要な方策等について」において提案され，2017（平成29）年に告示された学習指導要領において明確に示された「社会に開かれた教育課程」[15]の実現に向けて，今日までの学校と地域社会の連携による成果を活かし，両者のそれぞれの役割を果たしながら連携をより効果的，効率的に発展させることが求められよう。

注
1) 照屋翔大「開かれた学校」日本児童教育振興財団編『学校教育の戦後70年史』小学館，2016年，p.228。
2) 日本総合研究所（文部科学省委託）『地域の教育力に関する実態調査』2006年，なお同調査では「地域の教育力」を地域内の子ども，保護者，一般住民が交流などを行うことにより，地域全体で子どもを育て・守る雰囲気やしくみを生み出す「地域の教育力」と定義している。
3) 岡本包治編著『生涯学習まちづくりシリーズ7　学校を住民のものに』ぎょうせい，1989年，岡本包治編著『現代生涯学習全集10　有効な学校施設・機能の開放』ぎょうせい，1993年等を参照されたい。
4) 宮地孝宜「生涯学習の観点からみる学校開放に関する研究」『文教大学教育研究所紀要』第7号，1998年，pp.81-86。
5) 文部科学省「臨時教育審議会の答申」『学制百二十年史』https://www.mext.go.jp/b_menu/hakusho/html/others/detail/1318297.htm（2022年11月20日最

　　終閲覧）

6）吉武弘喜「開かれた学校づくりと生涯学習」『生涯学習研究 e 事典』日本生涯教育学会，2005 年，http://ejiten.javea.or.jp/contentc124.html（2022 年 11 月 20 日最終閲覧）

7）佐藤晴雄『学校を変える地域が変わる　相互参画による学校・家庭・地域連携の進め方』教育出版，2002 年，pp.37-38。

8）学校運営協議会制度の詳細は，文部科学省 Web サイト「コミュニティ・スクール（学校運営協議会制度）」https://www.mext.go.jp/a_menu/shotou/community/index.htm（2022 年 11 月 20 日最終閲覧）を参照いただきたい。

9）文部科学省 Web サイト「令和 4 年度コミュニティ・スクール及び地域学校協働活動実施状況について」https://manabi-mirai.mext.go.jp/document/chosa/2022.html（2022 年 11 月 20 日最終閲覧）

10）佐藤晴雄「コミュニティ・スクール制度に対する期待と成果」佐藤晴雄編『コミュニティ・スクールの研究——学校運営協議会の成果と課題』風間書房，2010 年，pp.46-47。

11）文部科学省 Web サイト「地域学校協働活動」https://manabi-mirai.mext.go.jp/torikumi/chiiki-gakko/kyodo.html（2022 年 11 月 20 日最終閲覧）を参照いただきたい。

12）前掲，9）

13）樋口恵子『サザエさんからいじわるばあさんへ——女・子どもの生活史』朝日文庫，2016 年，p.97。

14）地域づくりの担い手，担い手づくりに関しては，廣瀬隆人「地域づくりの担い手を育む」田中雅文・中村香編『社会教育経営のフロンティア』玉川大学出版部，2019 年，pp78-87 を参考にされたい。

15）小学校学習指導要領の前文には「教育課程を通して，これからの時代に求められる教育を実現していくためには，よりよい学校教育を通してよりよい社会を創るという理念を学校と社会とが共有し，それぞれの学校において，必要な学習内容をどのように学び，どのような資質・能力を身に付けられるようにするのかを教育課程において明確にしながら，社会との連携及び協働によりその実現を図っていくという，社会に開かれた教育課程の実現が重要となる」と示されている。文部科学省『小学校学習指導要領（平成 29 年告示）』p.15 参照。

第2章 「つながり」が子どもの学力に及ぼす影響[1)]

戸澤真澄

1. はじめに

　全国学力・学習状況調査の結果によると，2007年から現在に至るまで，上位の都道府県と下位の都道府県との差が一貫して存在している。全国共通の学習指導要領に基づいた授業が行われているのにもかかわらず，地域間に学力格差が存在するのはなぜだろうか。本章では，「つながり」に焦点を当てて考えてみる。

　志水宏吉は，昭和の学力テストと平成の学力テストを比較して，昭和の頃にはあまり関連性が見られなかった「離婚率」「持ち家率」「不登校率」が，現代では高い規定力をもつ要因となっていると指摘した[2)]。もちろん，経済的・文化的な豊かさは今日でも学力形成に影響を及ぼしているものの，現代ではそれら以外の「つながり」も学力形成に大きく影響を与えているという。志水によれば，「離婚率」は「家庭とのつながり」，「持ち家率」は「地域とのつながり」，「不登校率」は「学校とのつながり」を表す指標といえる。

　「つながり」とほぼ同じ意味で使われることの多い社会関係資本に着目すると，これが教育に影響を与えるという議論は，ジェームズ・コールマン（1988）の「人的資本の創造におけるソーシャル・キャピタル（Social capital in the Creation of Human Capital）」から起こった[3)]。コールマンはカトリック系の高校と非カトリック系の高校では，カトリック系の高校の方が，中途退学率が圧倒的に低いことを指摘した。キリスト教という規律のもとで閉じたネットワーク内にいることで，規範が確立しやすいという。

露口健司は個人と学級のマルチレベル・モデル分析と学校レベルのパス解析
によって，社会関係資本（ソーシャル・キャピタル）はテストで測定される知識・
技能としての学力（認知的能力）より，子どもの学習意欲（非認知的能力）に対し
て直接影響を及ぼすことを明らかにした。学習意欲に影響を及ぼすことによっ
て，子どもの学力が向上するのである[4]。

　一方，文部科学省の全国学力・学習状況調査をみても，「先生は，あなたの
よいところを認めてくれていると思う」（教師とのつながり），「これまでに受け
た授業や課外活動で地域のことを調べたり，地域の人と関わったりする機会が
あったと思う」（地域とのつながり）と回答する児童生徒ほど教科の平均正答率
が高い。さらに，「教育課程の趣旨について家庭や地域との共有を図る取り組
みを行っている」（家庭・地域とのつながり），「授業や課外活動で地域のことを
調べたり，地域の人と関わったりする機会の設定を行った」（地域とのつながり）
と回答する学校ほど教科の平均正答率が高い。このように，「つながり」と学
力との間には相関がみられる[5]。

　以上のように先行研究や政府の全国調査によれば，子どもの学力に対して
「つながり」が影響を与えていることがうかがわれる。しかし，いずれも量的
な調査をもとにした推測であり，フィールドワーク等の質的な調査によって具
体的な「つながり」の実態を浮き彫りにし，それと学力との関係を明らかにし
た研究はほとんどない[6]。

2. 東成瀬小学校への着目

　そこで，本章では，秋田県雄勝郡東成瀬村立東成瀬小学校（以下，東成瀬小）
に着目する。東成瀬村にある唯一の小学校である東成瀬小は，2007年から全国
学力テストで好成績を収めてきた秋田県の中でも，トップの学力を誇っている。

　東成瀬村は人口2,603人の小さな村である。この2,603人中996人が高齢者（65
歳以上）で，高齢者は人口の38.3％を占める[7]。東成瀬村全体の世帯数は869戸で
あり，そのうち小学生のいる世帯は78戸。保護者は共働きが9割以上であるも

のの，三世代同居世帯が多いためいわゆる「カギっ子」が少ない。小学校の統合の影響で遠距離通学者が多くなっており，約4割の子どもがスクールバスを利用して学校に通っている。

　この東成瀬小が，実に多様な「つながり」環境の中で児童に対する教育活動を実践しているのである。そこで，下記のような分析枠組みで同校の「つながり」実態を浮き彫りにする。

　本章ではテストで測ることのできる学力を「学力」と定義するとともに，東成瀬小の児童からみた「つながり」を4つの側面から捉える。それは，学校内でのつながり，学校と地域のつながり，地域のつながり（行政や地域の団体，地域行事や活動などに起因するもの），家庭のつながりの4つである。

　以上の枠組みによって東成瀬小の子どもたちの生活を「つながり」の側面から総合的に明らかにすることで，「つながり」が子どもの学力に与える影響を探る。そのために，授業・課外活動・地域生活に関する参与観察と資料分析，東成瀬小の児童を対象とするアンケート調査，子どもたちと関わりのある大人に対するインタビュー調査を行った。東成瀬村を訪問したのは2017年〜2019年，1日6時間程で合計20日間である。本章では，主に参与観察調査と資料分析の結果を記述し，アンケート調査とインタビュー調査の結果については適宜，考察に反映させる。

3.　東成瀬村の子どもたちの「つながり」

(1) 学校内でのつながり

　学校内でのつながりは「教師・子ども間のつながり」「子ども・子ども間のタテのつながり」「子ども・子ども間のヨコのつながり」の3つに大別される。

① 教師・子ども間のつながり

◆授業実践・学級づくり

　東成瀬小の授業を参観してみると，子どもたちが活発に意見交換する姿が見られた。教師は自分が発言した後に一人指名するだけで，あとはほとんどの場

合，子ども同士が手を挙げている子，ハンドサインをしている子を指名しあうシステムになっているため，教師が主体となって喋る場面が少ない。東成瀬小ではこのハンドサインの有効活用により子どもが主体的に授業に参加でき，教師はそれを見守ることができている。

このように，東成瀬小では活発な意見交換が常日頃から行われているうえに，子どもたちは「わからない」ことを「わからない」と伝えることができる。教師は子どもの「わからない」を批判せず受け止めている。

以上のことはいずれも教師と子ども間の信頼がないとできないことであり，東成瀬小では教師と子どもとの間に強い信頼関係が根づいている。

◆自学ノート

信頼関係が築かれるのは授業時間のみではない。東成瀬小では授業の習熟度を高めるために，家庭学習ノート（通称：自学ノート）を取り入れ，毎日欠かさず取り組むことにしている。この自学ノートとは秋田県の多くの学校でも取り入れられている。これは宿題とは別に課されるものであり，基本的に内容は自由である。子どもが主体的に学習内容を決められることが最大の利点である。子どもたちは毎朝，登校したら自学ノートを提出し，学級担任は帰るまでに全員の分に目を通し，コメントをつけて返却する。

毎日提出することを長く続けていると，ノートの出来具合から子どもたちの暮らしぶりが推察できるようになる。体調，精神的なコンディションなどさまざまなシグナルが読み取れるという。加えて，東成瀬小では，自学ノートの隙間に数行の簡単な日記を必ず書くことになっている。この日記に教員がコメントをつけることで，交換日記のような側面も併せ持つようになる。

年に2回行われる自学コンクールでは，2年生以上を対象に，とくに優れた自学ノートを表彰している。入賞者のノートは，自学ノートで気を付けていることについてのコメントとともに掲示され，他の子どもたちの参考にされる。

② 子ども・子ども間のタテのつながり

東成瀬小は異学年交流が盛んである。村には保育園，小学校，中学校が一つずつしかなく，小学校受験や中学受験が一般的ではないことから，ほぼエスカ

レーターのように保育園から中学まで一緒であることによると思われる。休み時間も1～6年生までが一緒になって鬼ごっこをしたり，大縄跳びをしたりする姿が見られた。放課後，保育園児から「じゃあね」と声をかけられ，手を振る小学生の姿も見られた。

◆ランチタイム

東成瀬小の子どもたちは，給食をランチルームでとる。ここで，全校児童と教職員のほぼ全員が揃う。基本は学年ごとにまとまっているのだが，学年の3分の1から半分が他の学年に移動して食べることになっている。これにより，高学年は自然と低学年の世話をするようになる。観察調査でも，子どもたちは学年関係なくおしゃべりしながら楽しく給食をとる様子がみられた。

◆自学レベルアップ作戦2 ～教えて先ぱい！～

東成瀬村では小学校，中学校が連携して行う事業が定期的に用意されている。小中の連携事業の一つが「自学レベルアップ作戦2 ～教えて先ぱい！～」である。これは，自学ノートの作り方に関して，学年間や，時には学校種を超えてアドバイスしあう仕組みを指す。6年生は5年生，5年生は4年生，というように，一つ下の学年の家庭学習ノートを見て，付箋にアドバイスを書いて返却する。6年生は，中学生からアドバイスが貰える。このように，下級生は先輩のアドバイスを受け，自学ノートをよりよいものにしていく。

◆異校種間の連携

ノートの作り方やハンドサイン等，小学校と中学校では共通している部分が多く，小学校と中学校がうまく連携していることで授業がスムーズに進んだり，理解しやすくなったりしている。加えて小・中学校の連携のみならず，保小の連携も行われている。東成瀬小と保育園は2階部分が渡り廊下でつながっており，同じ建物になっている。東成瀬村には保育園が一つしかないうえに，この距離的な近さも相まって教師同士・子ども同士で連携がとりやすい。遊具開放と体育館開放も定期的に行われており，小学生と保育園児が遊びを通して交流する場面も多くある。

③ 子ども・子ども間のヨコのつながり

◆自学レベルアップ作戦1

　東成瀬小の校内の廊下には，「自学レベルアップ作戦1」として使い切られた昨年度までの自学ノートが多く展示されている。仲間の自学ノートを見て，自分自身の学習へとフィードバックし，全体的に自学をレベルアップすることができる。毎日自学に取り組んでいる子どもたちにとって，自学ノートの展示はすぐ役立ち，生きた知識として有効にインプットされるという。

◆ぐるぐるノート

　東成瀬小では個人の自学ノートとは別の「ぐるぐるノート」という自学ノートを取り入れている。これは3～5人程度で1冊の自学ノートを交換日記のように回すもので，3年生以上で実施している。保護者のサインを貰って翌日同じグループの子にノートを手渡す。これにより友達の自学ノートのやり方から内容や工夫したことを学べるうえ，子どもと子どもの同学年交流になっている。ぐるぐるノートは子どもたち同士が切磋琢磨しながら自学に取り組むことを後押ししている。

(2) 学校と地域のつながり

① 授業内で生まれるつながり

◆学習支援ボランティア

　東成瀬村には学習支援ボランティア登録者が多い。2017年度の登録者は224人となっている。これは人口2,603人からみると，人口の約10%が学習支援ボランティアに登録していることになる。

　東成瀬小では郷土学習を大切にしており，そこでは学習支援ボランティアの出番が多い。ここ10年以上はほぼ毎月，月によっては2回以上郷土学習を行っている。今では，担任教員と村のボランティアの他に，コーディネーターと呼ばれる学校側との連絡役のボランティアも含め，多くの人の協力のもとで成り立っている。子どもたちはこの郷土学習を受けることによってふるさと東成瀬に対する理解を深めるだけではなく，ボランティアの方々とも親交を深めてい

る。学校で会ったときに挨拶を交わすだけでなく，村の中で出会うと親しく話をするようになるという。

　　◆子ども議会

　東成瀬村では，小学校高学年〜中学校の各学年の代表者が村議会へ議員として参加する。これを「子ども議会」と呼び，年に1回行っている。2018年度は東成瀬小と東成瀬中学校から計11人が代表として議席に座った。事前に学習したまちづくりや地域の課題について質問し，村当局の考えに耳を傾けた。

　この「子ども議会」は，子どもたちに村政や地域の課題に関心を持ってもらうため，2017年度から授業の一環として実施されている。実際に子どもたちの意見から行政が動き，横断歩道が設置された事例もある。

② 授業外で生まれるつながり

　東成瀬小では，授業以外の場面でも，子どもたちの意識が村内外とのつながりへと広がるよう，さまざまな工夫をしている。主な取り組みを3つあげる。

　第一に，東成瀬村は2017年10月，村内の東成瀬小学校，東成瀬中学校の教室やホールに地方紙と全国紙の新聞を計4紙配置する「1学級1新聞」事業をスタートさせた。これは，児童生徒が日頃から幅広い情報に触れることで国内外に視野を広げ，理解力や思考力，表現力を高めるねらいがある。

　第二に，学校図書館の充実である。村の子ども一人当たりに対して組まれている図書費予算は6,000円となっている（全国学校図書館協議会「2015年度学校図書館調査」によると，全国平均は1,395円）。

　第三に，東成瀬小では毎月1度，秋田大学の留学生が自国の様子を紹介する展示を行っている。日常生活や食べ物，首都や有名な場所などを写真中心に展示し，子どもたちが異文化を知り，興味をもつきっかけとして機能している。

(3) 村の内外のつながり

① 村内部とのつながり

　東成瀬村では地区ごとにおまつりがあり，主に夏に行われる。村や秋田県に伝わる伝統行事に関しては，その主だったもののほとんどは子どもたちが郷土

学習の中で学習している。公民館でも，子どもたち向けの活動の他，村の大人と子どもを結びつける活動が行われている。毎年行われる事業は異なるものの，年数回は東成瀬村の伝統を取り入れた活動を含んでいる。

② 村外部とのつながり

村外とのつながりに関する事業として，主なものを3つあげることができる。

第一に，「グローバル"夢"ミーティング」である。これは，秋田大学の留学生と通訳も含めて1泊2日，東成瀬村でスポーツや花火，異文化の料理を一緒に作ったり遊んだりしながら過ごすイベントである。対象は小学5，6年生と東成瀬中学校の生徒であり，村の宿泊施設を貸し切りにして行われる。留学生と話す際は，すべて英語で話すことになっている。

第二に，県外の児童生徒が秋田県の教育を体験する「短期チャレンジ留学」（国内留学制度）である。2017年度は東成瀬村に首都圏などの小学2年生〜4年生9人が訪れた。留学生は1週間，全員が村内に民泊し，子どもたちが県外の子どもと会う貴重な機会として機能している。

第三に，県外在住者を対象とした「美しの東成瀬まるごと体験ツアー」（毎年3月に実施）である。2018年度は宮城県，東京都，千葉県などから家族連れら19人が参加し，スキーや昔遊びなどを通して村の魅力を体感した。

以上，東成瀬村の子どもたちのもつ「つながり」の実態を資料分析・観察調査から明らかにした。とくに目立ったのは学校内部，地域内部での「つながり」を促進している実践であったが，上記のように地域外との「つながり」を促進している実践もあった。

4. おわりに──「つながり」の要因と効果──

東成瀬小の子どもたちには同じ顔触れで保育園から中学卒業まで過ごすという特殊な環境から生まれる，子どもたち同士の信頼関係があった。この特殊な環境について教育長は「教育的欠陥かつ最大のメリット」と述べている。教育

長は，その一方で「子どもたちに異質なものを受け入れる力を身につけさせる」ことが教育委員会の基本方針であるとも述べている。タテのつながり，村内の大人とのつながり，村外とのつながりは，この基本方針によって促進されている。

　ところで，冒頭で紹介したソーシャル・キャピタルは，その要素としてのネットワークの性質により結束型（Bonding）と橋渡し型（Bridging）に分かれると言われることが多いものの，そのように2つのタイプに区分けするのではなく，2つの次元で構成されるのだという考え方がある。いわば結束性と橋渡し性の強弱の組み合わせで表現できるということである。この考え方によれば，東成瀬小の子どもたちがもつ「つながり」の多くは村の共同体という特殊な環境による結束性が強いものの，教育委員会の上記の基本方針により，異学年や大人など異質の立場にある人との「つながり」が促進され，若干ながら橋渡し性の傾向も織り込まれている。さらに，村外の人々との交流は，橋渡し性が非常に強い「つながり」を促す。

　以上のように，「つながり」の促進により大人から褒められる経験，子ども同士の「つながり」から相手に受け入れられる経験，異年齢の他者を受け入れ，受け入れられる経験をした子どもたちは，自己肯定感や「自分らしさ」を出せる感覚，居場所感，受け入れられ感，安定感を得ることができる。こういった精神的な安定が，子どもの落ち着きや学習意欲，学習習慣の確立に影響を与えていると考えられる。筆者の行ったアンケート調査によると，全国と比べて東成瀬小の子どもたちは地域の大人とのつながりが非常に豊かであった。同調査では，そのような東成瀬小の中でも，とくに家族や友人，地域の大人と過ごしている時間が多い子のほうが，高い学習意欲をもつという傾向も現れていた。つまり，「つながり」が豊かで学力の高い東成瀬小の児童全体の中でも，とくに「つながり」が豊かな子は学習意欲がさらに高いのである。

　また，東成瀬小には成績下位層が少ない。これは，「つながり」促進によって児童全体に精神的な安定がもたらされ，成績下位の子どもが生じにくいということではないだろうか。

　最後に一つ指摘したい。パットナムは強力な結束型ソーシャル・キャピタル

に内在する排他性の危険性を指摘しており，個人の自由を制限したり，個人の特異性を損なったりといったマイナス面が生じうるとしている[10]。しかし，既述のように，東成瀬小では村内で完結する結束性が強い「つながり」の中に，異学年や大人といった異質の要素による橋渡し性を織り込んだり，橋渡し性の強い村外との交流も促進したりしている。学力保障という側面からは，この結束性と橋渡し性の多様な組み合わせによるソーシャル・キャピタルが精神的な安定をもたらし，学力の向上に効果をもっていると考えられる。

注

1）本章は戸澤真澄「『つながり』が子どもの学力に及ぼす影響」（日本女子大学大学院人間社会研究科教育学専攻修士論文，2020年）から抜粋・加筆したものである。
2）志水宏吉『「つながり格差」が学力格差を生む』亜紀書房，2014年，p.153。
3）Coleman, J. S., "Social Capital in the Creation of Human Capital", *American Journal of Sociology*, 94, 1988, pp.S95-S120.
4）露口健司『ソーシャル・キャピタルと教育——「つながり」づくりにおける学校の役割』ミネルヴァ書房，2016年。
5）国立教育政策研究所「教育課程研究センター『全国学力・学習状況調査』」 http://www.nier.go.jp/kaihatsu/zenkokugakuryoku.html （2022年5月2日最終閲覧）
6）東成瀬小を紹介した文献として，主婦の友社『勉強グセと創造力が身につく 最新版 秋田県式家庭学習ノート』（主婦の友社，2017年），主婦の友社『「学力日本一！」秋田県東成瀬村のすごい学習法』（主婦の友社，2019年），あんばいこう『「学力日本一」の村——秋田・東成瀬の一年』（無明舎出版，2018年），などがあるものの，これらは「つながり」の観点から東成瀬小を分析していない。
7）市町村要覧編集委員会『全国市町村要覧 平成30年度版』第一法規，2018年。
8）Putnam, Robert D., *Making Democracy Work*, 1998.（河田潤一訳『哲学する民主主義——伝統と改革の市民的構造』NTT出版，2001年）。Robert D. Putnam, *Bowling Alone*, Simon & Schuster, 2000.（柴内康文訳『孤独なボウリング——米国コミュニティの崩壊と再生』柏書房，2006年）
9）東成瀬小の通常学級に在籍している4〜6年生の児童53人を対象に，学習，生活，地域に関するアンケート調査を実施した（2018年11月5日〜8日）。
10）Putnam, op. cit., 2000.

第**3**章 「学校支援ボランティア」活動に おける大学生の学び

藤田清子

1. はじめに

　近年，教員をめざす大学生の多くは，母校や地域の小中高等学校で「学校支援ボランティア[1]」として実践的な経験を積んでいる。「学校支援ボランティア」としての学生の活動は，学校側にとっては，忙しい教員をサポートしたり，児童生徒の学校生活や学習活動を支援することにつながり，学生自身にとっても，継続的に学校現場に携わることで，大学で学ぶ理論を体現し，問題意識を持って大学の授業に取り組むことができる貴重な機会である。

　「学校支援ボランティア」という言葉が初めて用いられたのは，1997年の「教育改革プログラム[2]」（当時の文部省）である。それ以降，学生が通う大学や各教育委員会が窓口となり，学生を学校に派遣する体制が整えられてきた。全国の大学における教員養成課程では，「学校支援ボランティア」「学校インターンシップ」等の活動を単位化するところも多くなった。また，各都道府県市町村の教育委員会が実施する教員養成プログラムの中に，学校でのボランティア活動[3]が組み込まれているところもある。「学校支援ボランティア」活動は，教員をめざす学生の実践力向上のために欠かせないものとなっており，大学の授業と同等の必須の活動になっている。

2. 日本女子大学人間社会学部の取り組み

(1) 地域連携事業としての「学校サポート事業」

日本女子大学人間社会学部は，2006年8月から地元川崎市多摩区と多摩区内に立地する3大学（専修・明治・日本女子）との連携事業として「学校ボランティアによる学校サポート事業」（以下，学校サポート事業）を開始した。2015年には10年目の節目を迎え2022年度で17年目となった。

この事業は，川崎市多摩区内の小中学校の子どもたちの豊かな成長に貢献することと，教職をめざす学生の資質の向上を目的とした。派遣された学生が，各教科の指導補助，クラブ活動や学校行事の指導補助等，学校が必要とする教育活動の支援を行うことによって，一人ひとりの児童生徒に対するきめ細かな指導と教育活動の活性化が期待された。

事業開始とともに，大学には「学校教育ボランティア事業室」が開設され，川崎市小学校の校長経験者がコーディネーターとなり，多摩区役所や川崎市教育委員会，多摩区の校長会，派遣先の小学校14校，中学校7校との連絡調整，学生の相談対応にあたった。「学校サポート事業」では，これらの学校の支援にあたる学生ボランティアのことを「学校教育ボランティア」と呼んだ。

(2)「学校教育ボランティア」と「学校インターンシップ」の単位化

2007年4月には，「学校教育ボランティア」活動は，教育学科の専門科目として単位化された。2011年4月からは，幼小免許を取得する教職課程の必修科目として「学校インターンシップⅠ・Ⅱ」（Ⅰは1年生，Ⅱは2年生の科目）が開設された。学生は，1年生から多摩区を中心にした学校現場での体験活動ができるようになった。大学での授業と連動させながら，「学校インターンシップⅠ・Ⅱ」→「学校教育ボランティア」→「教育実習」→「学校教育ボランティア」と，入学時から段階を踏んで教育現場での実践を積み重ねていく体制が整えられた。

3. 「学校支援ボランティア」活動での学生の学び

(1) 「学校支援ボランティア」活動の学びに関する研究

　次に，一般的な意味で学校の支援にあたるボランティアとしての「学校支援ボランティア」に着目する。先行研究では，ボランティア活動に参加した学生の学びの内容や，教員をめざす学生に及ぼす教育的効果などが報告されている。嘉納英明は，学習支援ボランティアの経験により，学生は，子どもに対する見方や考え方を捉え直し，子どもの目線で子どもを理解することの大切さに気づくと述べている。[5] 嶋田一彦は，教員志望学生が教育ボランティア活動に取り組むことの教育的価値について，「学生にとっての教育的価値」と「受入先にとっての教育的価値」の2つの視点から調査を行い，「学生にとっての教育的価値」を「教育ボランティアの独自性」「子どもの理解」「教育現場の理解」「教師の仕事の理解」「学習指導」「生徒指導」「学生の教師としての育ち」の7つの教育的価値にまとめている。[6] また，溝部ちづ子らは，学校支援ボランティア活動の経験は，教職志望への動機づけを高める機能を有していることを明らかにした。[7]

　本章では，小学校教員をめざす学生たちが，学校教育現場での継続的な「学校支援ボランティア」活動を通して，何を学び，その学びをどのように深めていったのかについて学生の視点から考察する。

(2) 調査の方法と結果

　はじめに，「学校教育ボランティア」の授業を履修した学生たちが，そこで何を学んだのかについて「学校サポート事業報告書」をもとに分析する（後述の1）。次に，「学校インターンシップ」（2011年度開始）を履修した学生を対象としたインタビュー調査の結果を分析する（後述の2）。前者の学生が参加していた当時は，教育実習が主な実践経験の場であった。そのため，学生は，地域連携事業として大学がサポートしながら教育現場でボランティア活動ができることに感謝の気持ちと喜びを見出していた。それに対し，後者の学生は1・2

年生で「学校インターンシップ」を経験し，その後も継続的に「学校支援ボランティア」活動に取り組んでいたので，前者の学生とは学びの質が異なると考えられる。両者を調査対象としたのは，そのためである。なお，調査時期からいって，前者の学生にインタビューすることが不可能だったため，彼女らが残したレポートをもとに全員のデータを把握・分析した。

1)「学校サポート事業報告書」

　2006 ～ 2015年度の各年度の「学校サポート事業報告書」(以下,「事業報告書」[8])から"学生からの報告"（レポート）を抜粋し，その内容を分析した。この10年間に「学校教育ボランティア」(2 ～ 4年生対象) の単位を取得した学生は150名であった。学生は年度末にこの授業の最終課題として「ボランティア活動で学んだこと」をテーマにレポートを書いている。150名のうち小学校教員をめざす110名のレポートを分析対象とした。

　① ボランティア活動で学んだことについて

　ボランティア活動から何をどのように学んだのか，多様なエピソードを分類した。一人の学生が，学びに関するエピソードを概ね2 ～ 4つ取り上げていた。類似性のあるものをグループにすると40のカテゴリーが得られた。さらにカテゴリーを統合すると7つのグループに分けることができた。これらは**表3-1**にまとめた通りである。 i ～ vは学びの内容，viは学びの場としての報告会での気づき，viiは学びの成果と位置づけることができる。

  i 　**児童の支援**：実際に子どもを支援しながらその方法を学ぶこと

  ii 　**学校現場の実態**：学校での教育活動や現状を把握すること

  iii 　**教師の仕事**：教師の仕事全般について理解すること

  iv 　**担当教師とのコミュニケーション**：支援するクラスの担任やボランティア担当コーディネーターとのコミュニケーションの大切さを学ぶこと

  v 　**ボランティア活動の特性**：ボランティア活動の意味や価値

  vi 　**報告会での気づき**：年度末に行われる，学生と派遣先の管理職・担当

コーディネーターとの話し合いでの気づき

vii **自己実現への歩み**：ボランティア活動をしたことで自分の成長を感じたり，教師になりたいという目標ができたり，自分なりの教師像を描けたか

表3-1　ボランティア活動で学んだこと　　(カッコ内は人数)

学んだこと	カテゴリー
i 児童の支援 (144)	特別支援学級での支援の方法 (31)，個別支援の方法 (17)，子どもの成長 (9)，信頼関係 (8)，褒めることの大切さ・褒め方 (8)，言葉かけ (8)，一人ひとりのニーズに合った支援 (7)，子どもに寄り添う (5)，休み時間・給食時間の過ごし方 (5)，距離感 (4)，叱り方 (4)，待って見守ること (4)，子どもの実態の把握 (3)，発達段階に応じた関わり方 (3)，喧嘩の解決のしかた (3)，子どもの安全 (3)，嬉しかった子どもからの言葉 (2)，観察 (2)，子どもの話をよく聞く (2)，その他 (16)
ii 学校現場の実態 (7)	小学校を知る (3)，現状を知る (4)
iii 教師の仕事 (66)	授業づくりに関する技術 (33)，教師の子どもへの対応の方法 (14)，学級経営 (7)，教師間の連携 (6)，教室環境・学習環境の整備 (4)，教師のやりがい (2)
iv 担当教師とのコミュニケーション (8)	先生方が時間を割いてくれる (3)，隙間時間を見つけて相談する (2)，積極的に聞く (2)，忙しくて相談する時間をとってもらえない (1)
v ボランティア活動の特性 (34)	ボランティアという立場だからこそ学べることがある (23)，大学で学ぶ理論とボランティア活動での実践の往還 (7)，長期的・継続的な学び (4)
vi 報告会での気づき (5)	心に響くアドバイス (3)，悩みの共感 (2)
vii 自己実現への歩み (36)	理想の教師像 (15)，自分の成長 (13)，目標 (8)

② エピソードが表していること

ところで，①の分析で用いた多様なエピソードには，その時の意識・行動を表したキーワードが書かれていた。それらのキーワードは，〔観察〕〔気づき〕〔実践〕〔不安〕〔苦手意識〕〔悩み〕〔自信〕〔喜び〕〔充実感〕の9つの項目に分類することができた。各項目の関係は以下の通りである。

まず，クラスに支援に入ると学生は担任がどのように子どもたちに接しているか，教えているかを〔観察〕する。「このクラスは教師と子どもたちの信頼

関係があるから明るい雰囲気だ」といったようなさまざまな〔気づき〕が起こる。観察して気づいたことを参考にしながら子どもの支援にあたることが〔実践〕である。その結果をふり返りながら，次の段階の観察に移る。このような循環の中で，経験が浅いうちは支援の方法が分からず先生方の役に立っているのか〔不安〕になったり，必要な場面で指示したり叱ることに〔苦手意識〕を持ったり，子どもが甘えてくる等の〔悩み〕を抱えながらボランティア活動に取り組んでいる。しかし，経験を積んでそのような課題を少しずつ克服できると〔自信〕が持て，子どもが成長することに〔喜び〕を感じたり，一日の活動が終わった後に〔充実感〕を感じるようになる。

　この結果から，学生のボランティア活動は，〔観察〕と〔気づき〕と〔実践〕の循環によって，〔不安〕〔苦手意識〕〔悩み〕といった自信のない状態が，〔自信〕〔喜び〕〔充実感〕といった自信が持てる状態に変化していく過程でもあるという仮説が成り立つ。

2）学生インタビュー

　1）の「事業報告書」の分析結果を踏まえて学生インタビュー調査を行った。対象は教員をめざして小学校で継続的にボランティア活動を行っていた3年生3名と4年生10名，合計13名である。期間は2017年7月19日〜11月1日，1名当たりの調査時間は約1時間であった。13名の学生は，「学校インターンシップⅠ・Ⅱ」を履修後に，授業としてではなく「学校支援ボランティア」の活動を行っていた。

　インタビューは，事前に知らせておいた共通質問11項目をベースとし，半構造化方式で実施した。質問項目は，先の報告書の分析結果を参考にして，① 活動状況，② 不安・悩みや困ったこと，③ 苦手なことや課題，④ 子どもとの接し方での気づき・心がけ，⑤ 担任の授業や学級経営を観察して気づいたことや学んだこと，⑥ 嬉しさ・充実感を感じるとき，⑦ 担任やコーディネーターとのコミュニケーション，⑧ 活動後のふり返り，⑨ 自分自信の成長の実感，⑩ 目標にしたい教員及び目指す教員の理想像（学級経営の理想を含む），⑪ ボ

ランティア活動の意義とした。

　インタビュー調査の結果，学んだことについては，1）の学生レポートの分析
結果とほぼ同様の傾向であった。ただし，教師とのコミュニケーションとボラ
ンティア活動の特性については，さらに深い学びが得られたと見受けられる。
さらに，1）では見出せなかった「ふり返り」に関して多くの語りを得ることが
できた。これらは，前述のように，インタビュー対象者の方がボランティア活
動に対する自主性・継続性が強いことによるものと考えられる。

　以下に，彼女らの活動状況を示すとともに，インタビューから新しく抽出で
きた知見を整理する。

① 活動状況

　学生が活動している小学校の所在地は，神奈川県川崎市6名，神奈川県秦野
市1名，神奈川県大和市1名，神奈川県相模原市1名，神奈川県厚木市1名，東
京都国分寺市1名，千葉県柏市1名，埼玉県さいたま市1名であった。ボランティ
ア校が母校である学生は13名中11名，母校で教育実習を受け入れてもらうた
めの条件として，教育実習の前後にボランティア活動を行うケースが多い。活
動開始時期は，1年生が3名，2年生が6名，3年生が4名であった。長期的・継
続的なボランティア活動になっている。活動の頻度は週1回，半日から1日の
活動が多い。13名中10名は通常学級の方が時間的には多いものの，通常学級
と特別支援学級の両方を支援している。3名は通常学級のみであった。通常学
級では低学年の個別支援が多い。

② 担任とのコミュニケーションの工夫

　学生をサポートする体制ができている学校の場合，「最初の方で担任から
『困ったことがあったらいつでも言ってね』と言われている」「担任の先生とは
帰りに1分位で今日はどんな感じだったかを確認する」等，担任とのコミュニ
ケーションがスムーズに行われている。一方，そうではない学校の場合，「何
も言われないときは『これ私もやっていいですか』と聞いて自分から動く」「自
分から挨拶する。始まる前と終わった後にお礼に行く」等，学生の方からコ
ミュニケーションをとる工夫をしていることが分かった。

③ ふり返りの方法

ふり返りの方法は一人ひとり違っている。ノートが用意されている学校もあれば，自分でノートやパソコンに記録を残している学生もいる。「帰りの電車の中でその日のことを思い出す」「大学でお昼を食べながら情報交換をする」等，ふり返りとしては緩やかなふり返りをしている。ボランティアの単位は取得していないため事前事後の指導もなく，ボランティア活動を行っている学生同士のふり返り会があるわけではない。それでも，さまざまな方法で自主的にふり返りを行っているのである。「大学の授業とリンクさせながら考える」「親しい管理職からアドバイスをもらう」こともふり返りの機会となる。

④ ボランティア活動を通した自己実現

ボランティア活動の意義については，「子どもの実態を見られる」「子ども目線で考えられる」「学校現場を知る」「教師の仕事を知る」「学びと気づきによって成長できる」「子どもや教師の役に立てる」「1年間の仕事の流れを知ってある程度の見通しがつけられ心の準備ができる」といった結果になった。一人ひとり考え方が違っている。それは，「学校支援ボランティア」活動が，自分の意志で参加するボランティア活動だからこそ，自分が関心を持つことに目を向けながら，自分の目的のために学ぶことができるからである。

そのような意識でボランティア活動に取り組み，結果として13名全員が成長できていると答え，教師になるための知識や技量が身についてきたと実感していた。「教師になったときに失敗しなくて済むんじゃないかという安心感を得られた」と教員採用試験合格の先のことまで気にかけている。

表現はそれぞれ違っているものの，理想の教師像は，「一人ひとりを大切にして，子どもと信頼関係が築ける教員になりたい」という学生がほとんどだった。めざす学級経営では，「個性を認め合い，一人ひとりが輝くクラスをつくりたい」といった内容のことを答えていた。「学校支援ボランティア」活動は，自分がなりたい教師像を描くことができ，「教員になる」という夢に向かって学びを深めることができる，自己実現のためのボランティア活動だといえる。

4. 「学校支援ボランティア」活動の学びの循環

　ここでは前節の「事業報告書」と「学生インタビュー」の調査結果を踏まえて，コルブによる経験学習モデル[9]を参考に，学生がどのようなメカニズムで学びを深めているのかを検討する。

(1) 現場での取り組み

　学生は，学校現場で子どもと教師の様子を〔観察〕し，そこでの〔気づき〕を学習支援や教育活動の支援などの〔実践〕活動に活かしている。〔観察〕では，教師の子どもへの接し方や授業での指導の方法，発問のしかたや声かけなどに注目して教師と子どもを見ている。また，授業中と遊んでいるときの子どもの表情の違いや，友だち関係を注視している。〔気づき〕とは，子どもや教師の様子を見たり，子どもに接したり，担任からアドバイスをもらったりすることで，教師の意図や子どもの行動の意味を理解できた状態である。

(2) ふり返り

　インタビューを受けた学生は，その日の自分の支援について，上手くいってもいかなくても自分のやり方で〔ふり返り〕を行っていた。これに対し，「事業報告書」の学生のエピソードからは〔ふり返り〕という言葉は出てこなかった。実際には，活動終了後に担任やボランティアコーディネーターに疑問点等を確認する時間をもらい，「学校教育ボランティア」の授業としても活動をふり返る機会を設けている。しかし，授業として行う活動だけに，主体性・継続性の弱さから意図的にふり返るという意識の強さが見られないのだと考えられる。また，どちらの学生にも，大学の授業や教員採用試験対策講座，受験地の教育委員会が実施する教員養成プログラム等で多様な〔ふり返り〕ができる機会があった。〔ふり返り〕はボランティア活動での成功体験や失敗体験を確認・整理・修正・情報共有するうえで欠かせない。

(3) 自信のない状態から自信がもてる状態への変化 (意識)

〔不安〕〔苦手意識〕〔悩み〕は，教育者としての技術が十分に備わっていないゆえの自信のない状態と考えられる。しかし，この自信のない状態は，現場での取り組みとふり返りを繰り返すうちに技術が向上することで解消し，むしろ〔自信〕〔喜び〕〔充実感〕といった気持ちが高まる。そして，教員になるという夢の実現に向けて頑張ろうという意識が充実していく。

(4) 教師に必要な技術の蓄積 (ノウハウ)

ボランティア活動を通して，子どもを理解し，教師の仕事を理解し，授業実践力，つまりさまざまな技量＝ノウハウを身につけることができており，それが自信につながっていく。意識の高まりは，さらに現場での意欲的な取り組みとふり返りを経て，ノウハウの向上につながる。

(1) ～ (4) をモデル化すると，図3-1のような循環モデルが提起できる。

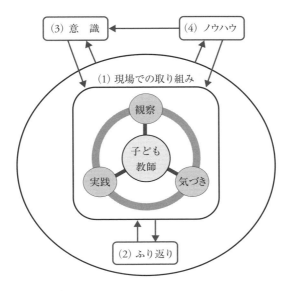

図 3-1 「学校支援ボランティア」活動の学びの循環：仮説モデル

本章では，学生個人に焦点を当て，学生が書いたレポートとインタビュー結果を資料とし，学生の視点に立ってボランティア活動の学びを分析した。学生が学びを深められたのは，学校側の受入れ体制が整えられ，教員の協力と温かい応援があったからである。双方にとってより効果的な活動になるよう，今後は学校側の成果やニーズの調査も必要であると考える。

注
1）佐藤晴雄編『学校支援ボランティア──特色づくりの秘訣と課題』教育出版，2005年，pp.26-28。
2）1997年1月に策定された文部省「教育改革プログラム」には，「学校の教育活動について地域の教育力を生かすため，保護者，地域人材や団体，企業等がボランティアとして学校をサポートする活動（学校支援ボランティア活動）を推進する」と記載されている。
3）例えば，「東京教師養成塾」「かながわティーチャーズカレッジ」「さがみ風っ子教師塾」「ちば！教職たまごプロジェクト」などがある。
4）日本女子大学人間社会学部は2021年4月，目白キャンパスに移転した。
5）嘉納英明「学生の教職観を育む学校支援に関する実践的研究──学習支援ボランティアを通して」『日本生活体験学習学会誌』第14号，2014年，pp.21-29。
6）嶋田一彦「教員志望学生が教育ボランティア活動に取り組むことの教育的価値」『教育実践研究』17，2012年，pp.1-18。
7）溝部ちづ子・石井眞治・古谷嘉一郎・斉藤正信・財津伸子・山崎茜「教員志望大学生の学校支援ボランティア活動の教育効果に関する研究」『比治山大学現代文化学部紀要』第19号，2012年，pp.31-44。
8）日本女子大学人間社会学部『平成18年度〜平成27年度川崎市多摩区・3大学連携事業「学校教育ボランティア学校サポート事業」報告書』日本女子大学人間社会学部学校教育ボランティア事業室・西生田教職支援室学校教育ボランティア係，2006〜2015年。
9）Kolb, D. A., *Experiential Learning: Experience as the Source of Learning and Development*, New Jersey: Prentice-Hall, 1984.

第4章 地域コミュニティにおける演劇的手法の可能性
大学生と住民の協働[1)]

石野由香里

1. 研究の背景と目的

　本章の目的は，地域における住民同士の軋轢や不理解に対し，演劇的手法を用いて「よそ者」が媒介することによる作用を明らかにすることである。よそ者とは，同じ地域や空間内部にいる関係者ではなく，自分たちとは異質な存在と捉えられる者を指す[2)]。本章では，筆者がアドバイザーとして関わっていた学生の課外活動を事例に，アクションリサーチ法で得たデータを分析する実証的アプローチを採用する。調査対象はプロジェクトを担う学生3名と，本事例の実施先であるT団地の住民12名とし，彼らの変化を調査データとして分析する。T団地は6年にわたる学生ボランティア受け入れ先および筆者の研究フィールドであり，実践および調査は2016年1月4日〜7日に行われた。本文中のインタビューデータは住民に対して30分〜1時間程度行った非構造化インタビューを元にしている。

2. T団地で遭遇したコミュニティ内の「溝」をめぐる出来事

　本章の事例は学生たちがフィールドワーク（以下，FW）中に遭遇した内容をもとにしている。学生たちは，よそ者の視点で「ひっかかり」を覚えた出来事を切り取り，それを地域住民に見せることで，日常に埋没して気づかれないものに光を当て，対話を促すという目的でこの活動を行っている。「ひっかかり」

とは，言語化できず善悪などの判断もつかないが，何か心にひっかかりを感じる体験を意味する。このとき用いるのはパウロ・フレイレとともに活動していた，演劇人としても有名なアウグスト・ボアールによって開発されたフォーラムシアター（以下，FT）という演劇的手法である。FTでは，何らかの政治的・社会的問題を含んだ短い劇を上演する。その劇は参加者に結末を変えようと思わせるものでなければならない。そして，もう一度この劇をやり直して見せる。この時，参加者はいつでも劇を中断させ，演じ手の役を奪い，自ら別の提案を演じ介入することで互いに考えを提案し合う[3]。ただし，ボアールのFTの多くは当事者自身が課題と感じているテーマを扱うのに対し，よそ者の視点で切り取る点が本事例の特徴である。さらに筆者らの実践では，なぞるように演じる＝演じる対象を詳細に観察し，写実的に再現するように努める点を大切にしている。

　本事例の概略は下記の通りである。住民のJさん（50代男性）は団地内で「要注意人物」とレッテルを貼られており，多くの住民から遠巻きに見られていた。彼は地域の拠点であるHカフェのオープン時に酔って入室し，暴力的とみられる行為があったために警察沙汰になった。それ以来「出入り禁止」になったとJさんは認識しており，Hカフェには近づいていなかった。しかし，学生奈菜はJさんと穏やかに会話をし，2人で連れ立ってHカフェに入店した。

　この過程を見ていた学生恵実は「ちょっとしたきっかけで住民の間に壁が出来ているように思えたので，意識が変わってくれるといいと思って」今回の出来事をFTで扱いたいと希望し，T団地内で住民を前に上演することにした。上演にあたって，学生たちはJさんらをなぞるように演じ，何度も役を入れ替えながら他者の立場に立つ準備を重ねた。

　発表会当日は奈菜とJさんの対話場面を15分程度見せた後，FTの中で住民に体験して欲しいと考えた後半5分を，後述のように配役を交代しながら繰り返した。その場面とは，奈菜がJさんをカフェに連れて行った際，カフェの責任者であり，併設されている高齢者相談室長である靖さん（40代男性）やカフェスタッフ，他大学の学生隆平を含むお客の誰も，Jさんに声をかけなかったと

いうシーンである。このカフェは高齢者の相談室が併設されたコミュニティカフェの機能を備えており，普段は歓迎のあいさつが交わされるため，奈菜はこの時の雰囲気に強い違和感を覚えた。ちなみに，Ｊさんが〈警察沙汰〉になった時，対応したのは靖さんだったため，それからの4年間，2人は緊張関係にあった。奈菜や恵実はカフェの外で靖さんとＪさんがすれ違う際にも，緊張感と違和感を覚えていたという。具体的にはいつも住民への声かけを怠らない靖さんがＪさんには目を合わせたり声をかけたりしないことや，Ｊさんが靖さんを含むＨカフェ関係者に悪態をつく情景が挙げられる。

　ここでは上記のシーンの3回分の再現を事例とする。各々下記の①〜③の流れで進行した。①と②ではＪさんを恵実が，靖さんを筆者が，その他の登場人物は本人が演じた。③で配役が交代した様子は以下の本文中に述べる。

　①1回目：各々が自分なりの見方でシーンを見た
　②2回目：恵実が「Ｊさんの気持ちになりながら。Ｊさんになりきってください」と繰り返し，見方をガイドした。そのことにより，住民の反応が大きく変わる。
　③3回目：観客へ参加を呼びかけ，靖さん役を住民Ｚさんが，隆平役を住民Ｕさんが演じる。

3.　演じ合う照射作用による観客の変容

　1回目はＵさんをはじめとする住民から「あの人と，普通に話が私なんかもできないです。通ると野次る方」「下手すると余計なこと言われちゃうから，怖いから」という発言で会場が沸いた。その後，Ｊさんのような人も必要なのではないかという新住民の意見を受けて，Ｚさんは「そう簡単なもんじゃないと思いますよ」と発言し，一方，Ｕさんは「そういうことがきっかけで仲良くなれればいい，と私も思います」と返すも，会場全体の空気は大きく動かなかった。その後，恵実から靖さんとＪさんの間の溝についての話題が投げかけられた際には「靖さん仕事だからね」「監視していないといけない立場の人だ

からね」などと，靖さんの立場を擁護するコメントで会場は沸いた。

　一方で，スタッフやお客さんから歓迎の声をかけられなかったという奈菜の発言に対し，スタッフ経験のある住民らからは「声をかけるはずなのに，おかしいわね」という声が強くあがり，新住民から「初めて入る人にはバリアがある」と発言される。また，Kさんは「入る人が（入りにくいと）思い込んじゃう場合もある」と発言した。それを受けて，恵実は「Jさんもそのバリアを感じている可能性がある。その立場で次の再現を見直してください」と促した。

　このように恵美が〈Jさんの立場に立つ〉視点を意識づけたことで，2回目の再現のあとには「Jさんは帽子をとっていたから礼儀をわきまえていた」「迎え入れる側は声をかけていなかった」「出禁を出した張本人（靖さん）が，『よく来たね，お茶でも飲んでいきなよ』って，ちょっと一声かけてあげれば，本人も出禁って言葉を忘れると思うのよ」などの声が観客からあがった。再現内容は同じにもかかわらず，大きな変化であった。また，靖さんだけではなく，自分たちの身内であるウェイトレスなどに対しても，反省を促す発言があった。

　次に，靖さんに対する意見が複数出たのを受け，恵実は靖さん役を住民に演じるよう促し，3回目の再現では，Zさんが靖さんを演じることになった。そして，声をかけようと努力したものの言葉を発せなかった靖さん（＝Zさん）のリアルな再現の様子を目の当たりにし，観客は「靖さんは声をかけるべきだった」と簡単に言うことはできなくなってしまった。再現の後，Zさんは靖さんを演じてみた感想を「私だったら，『いらっしゃい』って言います。だけど靖さんだったら，ちょっと緊張しちゃって何も言えなかったんじゃないかな」と女性で年配である自分（Zさん）との対比の中で語った。ここで，靖さんを代弁する役回りが学生から〈住民である私たちの中の1人〉であるZさんに変わったことで，たとえ自分自身は舞台上で靖さんを演じていなくても，自然と〈私たちの1人〉であるZさんに自身を投影し，疑似的に靖さんの立場をなぞるような体験をしたのではないかと考えられる。

　これは隆平を演じたUさんにもいえることである。Uさんは2回目の再現を見たとき，Jさんに反応を示さなかった隆平に対し，批判的なコメントをして

いた。しかし，実際に隆平を演じてみて「でも肝心の言葉はやっぱりちょっと出ないですよね」と感想を述べた。「こうあればいいのに」と思っていたイメージ通りに行動することは難しいという実感を明らかにし，観客も，隆平を演じるUさんを通して，もう一度捉え直す機会を得た。

　以上の内容を踏まえて，1〜3回の再現における住民の反応について考察する。まず，1回目の再現では普段の自分としての視点から感想を述べていたのに対し，2回目の再現では，Jさんなど他者の視点に立って見るように変化した。

　さらに，3回目に〈私たちの1人〉である住民が観客から演じる立場に転じたことで，（残された）観客の住民にとっての媒介者となり，観客と演じ手の両方が，靖さん，Jさん，自分たち自身と，さまざまな立場に立つことを重ね，再現された出来事に対し視点を幾重にも入れ替えながら見直した。このとき，同じように身体を持った人間である自分以外の人物が，そこで別人になり代わり，模索している様を自らに投影することにより，他者を鏡にした意識化が起きていると考えられる。つまり〈演じることによる変容〉のみならず，観客から演者に移行することで変容する演者を〈観ることによる変容〉もが入り乱れて起きている。[4]

4．参加した住民へのインタビューと参与観察

　次に，参加した住民はどのように変容したのかを，Uさん，Zさん，Kさんの3人に行ったインタビュー調査をもとに考察する。インタビューは発表会の5日後（Uさん，Zさん）と，13日後（Kさん）に30分〜1時間程度ずつ行った。インタビュアーは筆者で，奈菜も同席した。

(1) Uさんの振り返り

　初めに，発言と演じることの両方で最も積極的に参加したUさんの振り返りを抜粋する。隆平を演じたことについてこう語る。

感じたのは，あのとき誰も会話をしなかったと思ったので，それは何でだろうと思うと，あの人に対して固定観念が実際にあったのでね。でも入ってきたんだし，彼女がせっかく連れてきたんだから（中略）だから，自分だったら挨拶くらいしたいなって，あのとき思ったんですよね。誰も何にも言葉を発しないで彼が出て行ったっていうのは，彼も，予想はしてたんだけど，「やっぱりか」って思いで，出られただろうからね。やっぱり，もうちょっと皆にあったかさがあってもいいのかなって，見てた時にはそう感じたので，やってみたんですよね。あのとき学生として，「学生だからまあ挨拶くらいかな」って思いましたね。自分の立場ならもう一言くらい，「えっ，すごいじゃん。お客になったんだ」ってくらいは言ったかもしれないですよね。

　この中で，Ｕさんはまず，Ｊさんがカフェに入った時に居た隆平や住民たちの気持ちを想像し，その後，Ｊさんの立場に立って感じた内容について述べている。そして，実際に隆平の立場に立ち，自ら演じることで改善策を示した。さらに，自分との差異を意識化し，省察している。
　Ｕさんは演じたことについて，「なんか（誰かを演じる）体験すると，ほんとに自分の体験に近づくんですよね，不思議なもんですよね。やっぱり普通のことより記憶に残るんじゃないですかね」と印象深く語り，下記のように続けた。

　あの人はある意味レッテルを貼られている方なんですよ，自分もそういう意識があるし，周りもそういう目で見てしまっている。それを一回払拭できる何か，ここへ自由に入って，普通にお客でいられるということになれば，一歩二歩進むってことになる。（中略）だから，今後の彼との付き合い方も，（劇を見ていたほかの住民も）「ちょっとは挨拶してみようかな」って気になるんじゃないでしょうか。私もしてみようと思いますから。だからそういう一歩，二歩，すごく素敵だなと思いました。やっぱりその時（劇を見ている時）は，「ああ，あれはこうなんだ」「だからこうしてはいけないのかな」って皆さんも噛みしめている部分もあるのかなって思いますよね。

初見で「この方は要注意人物ですよ」と発言したUさんは，2回目の再現を見直し，3回目で自らが演じ直すことで自分のJさんに対する視点を相対化・意識化し，変容へ繋がった。さらに，自分はJさんに対する行動を具体的にどのように変えられるかという可能性を見出している。そして，自分たちの〈レッテル〉からは見えなかったJさんの側面や関わり方の可能性を目の当たりにし，参加者の住民の意識が動いていったことを感じていた。

(2) Zさんの振り返り

次は3回目の再現で靖さんを演じたZさんの振り返りを抜粋する。前掲のZさんの発表会の様子と発言からは，〈自分（Z）として〉ではなく〈靖さんとして〉何を思い，行動したのかを，自分の身体でなり代わることで探ろうとしている様子が確認できる。自らの体験をZさんは下記のように語った。

やっぱり奈菜ちゃんが誘ったのがすごいことでね，でもそれを受ける方が硬直しちゃったのは，やっぱりみんなある意味で，偏見とまでは言わないけれども，持ってたんじゃないかと思うの。（中略）靖さんは自分が接触して警察呼んだくらいだから，硬直しても無理はない。やってみたって（＝自分が実際演じてみたけれど）どうしたらいいかわかんない。ああやって，「よく来たね」なんてとても言えないと思うのよ。彼が硬直しても構わないのよ。でもこっちで働いていた人間が硬直したらいけないと私は思うの。私たちなら，ただ「いらっしゃい」って，注文を聞きにいく。それは年の功だよ。

Zさんは靖さんを演じたことで，彼の立場で出来ることと出来ないことがあることや，住民である自分たちの役割を捉えなおしている。

(3) Kさんの行動変容と場の変化

観客としてのみ参加したKさんは，「Jさんは，とくに周りでは偏見の目で見られていると思うのよね。でも奈菜ちゃんがカフェに誘って，入る気になっ

たっていうのがすごいと思った。(中略)もし次見かけたら『たまにはどうぞ』って声かけてみたいなって思う」とインタビュー時に話した。そして，実際にインタビュー終了後，偶然カフェの前を通り過ぎたJさんに声をかけ，カフェに誘っていた。そのとき，カフェ内に居合わせたZさんや靖さんら皆でJさんを歓迎する体制を積極的に作っていた。このように，観客であったKさんの行動は変容し，場を変化させる原動力となった。その後，同様に他の住民もJさんを気にかけるように変化したことで，JさんはHカフェの常連になっていった。

　このようなKさんの変容からは，観客は自分と同じ立場にいた者（＝Uさんら）が演者となり，省察を経て言動が変化する過程を見ることで，自分もそうなり得たかもしれない（観客から演じ手に転じたかもしれない）という可能性の中で見られるようになったことが推察される。このように，自分以外の者が演じ変容する過程を，ある条件下で観て疑似的な体験をすることによって，変容は促され得ると考えられる。

5. よそ者の媒介性により変容を促す構造

　次に，よそ者である学生によるこの実践の作用についてみていく。

　第一に，よそ者の視点でひっかかりを覚えた場面を切り取る手法は，住民からは提案されないような課題を抽出する可能性をもつ。この事例も，Jさんの存在は住民の中で固定化しており，恵実の発言によれば「互いは『違う』からと認識することで関わらないことをよしとする」ことが常態化する中，住民の目線からは，このテーマを取り上げて対話する発想は生まれなかったであろう。

　第二に，学生が取り上げたFTの内容は，よそ者が演じたからこそ住民に受け入れられたという側面もある。ある関係性に絡み取られている内部の人間から提示された場合には，フラットに受け取ることは難しかったと推測できる。

　第三に，学生たちは発表会の準備の過程で再現を繰り返しながらJさんの立場にも立ち，視点を相対化している。住民たちは学生たちの演じる姿を観ることで，Jさんに対する学生たちのパースペクティブは自らのものとは異なるこ

とを知り，省察するきっかけになったと考えられる。それは，他者を演じている姿には，他者に対する演じ手のパースペクティブが反映されるからである。以上のことから，よそ者が先述の第一と第二の特徴を活かし，他者への視点を相対化したうえで演じるとき，媒介者として住民の変容を促し得るといえる。

　最後に，以上の3つの作用を促した学生にとっての本実践の意味を考えたい。筆者は学生ボランティア支援の経験から，多くの学生は地域で活動をする際に，相手にとって有益なものを提供せねばならないという先入観をもつことを知った。それに対して，この実践からは硬直した人間関係を揺り動かす媒介者になり得るよそ者だからこそできる役立ち方を見出した。このような役立ち方は，どちらかが一方的に学ぶのでも貢献するのでもないために，「どちらのため」という2項対立的な図式からは生まれない，変容の絡み合いを生んだ。このとき，学生は何かを与えにいくのではなく，社会の一員として自分の立場や特徴を活かして媒介する役割を担うことで，社会の中で位置取りをし直すといえる。

　本章では事例を通して，住民同士の軋轢や不理解に対し，演劇的手法を用いて「よそ者」が媒介することによる作用についてみてきた。第一に，地域住民にとって常態化している人間関係や出来事をよそ者独自の視点から切り取り，第二によそ者という立場を活かしてその内容を提示し，第三に演じることにより出来事を相対化するプロセスを開示することで住民の変容を促す可能性を見出した。同時にそれは，よそ者としての学生の学びにもつながっているのである。このように，演劇的手法はさまざまな立場の者が共に学び合う空間を形成することで，コミュニティに変化をもたらす可能性を有しているといえるのだ。

注
1）協働とは，異なる立場の者が共通の目的に向けて，対等な立場で協力することを指す。なお，本章は拙著の第5章を抜粋，改訂したものである。石野由香里『他者の発見：演劇教育から人類学，ボランティアと地域活性論への架け橋』早稲田大学出版部，2021年。
2）地域づくりの場面におけるよそ者の効果については以下の論文を参考にした。敷田麻実「よそ者と地域づくりにおけるその役割にかんする研究」『国際広報メ

ディア・観光学ジャーナル』9，2009年，pp.79-100。

3）須崎朝子「アウグスト・ボアールの演劇方法論の変遷に関する一考察——変革のリハーサルから療法まで」『日本演劇学会紀要』37，1999年，pp.440-441。

4）本章で使用する省察と変容という用語は J. Mezirow の変容的学習理論を参照する。ジャック・メジロー著，金澤睦・三輪建二監訳『おとなの学びと変容——変容的学習とは何か』鳳書房，2012年。

川崎の地域教育会議のチャレンジ「教育観を変える！」

≫ 学校依存型の教育風土

かつて，多くの子どもたちは多世代大家族の中で，また地域の産業や職業人の見えるコミュニティで成長してきた。「親の背中を見て育つ」時代，学校教育も役割分担として子どもたちが未来と広い世界へ羽ばたくのに必要な知識を提供してきた。それが，核家族化と，地域社会の衰退につれ，家庭教育，地域の教育力が低下し，反比例的に学校教育への期待が高まってきた。読み書きそろばん的な学習の他に，部活動など多くのことが学校に持ち込まれてきた。その結果，今日の学校依存型の教育風土に至った。

文部科学省が提唱する地域学校協働活動で一番注目したい点は，教育は学校に任せればいいとしてきた人々の風潮，「教育観」の変革である。

≫ 地域教育会議でも感じた「協働」の難しさ

川崎市の地域教育会議はすでに25年余の歴史がある。発足当初行政と住民のコラボレーションをもとに「教育における住民自治」とまで謳っていたのに，地域住民の参画度は必ずしも期待通りではなかった。

私の住む中学校区では中学生の職業体験を地域教育会議が主導して地域の教育力を掘り起こしてきた。ただ，現状，住民自身が教育実践の主体となるよりは，学校のニーズに応える応援団的な地位にとどまっているところも少なくないのである。なかなか「協働」は簡単ではない。

≫ 地域住民の参画する教育のイノベーション

川崎市では地域教育会議の取り組みに続き，7年前から「地域の寺子屋事業」が始まった。週1放課後の学習支援と月1休日の体験活動で，地域ぐるみで子どもの豊かな成長を支援しよう

という試みである。学校の場を借りての地域住民による社会教育である。この寺子屋には2つの特徴がある。ひとつはスタッフを有償ボランティアにしたこと。市民を社会教育の公的担い手として承認したこと。2つ目は専門的な知識を有しない市民を新しい教育者としたこと。

私の担当する地域教育会議が受託団体となったケースの寺子屋では「居るだけ支援」をモットーにしている。寺子屋の主たる役割は，教えるスタイルでの学習指導ではなく，寄り添って子どもたちの学びへの意欲を応援するスタイルである。その典型は音読。そばで聞いてあげるだけの支援もある。学習が終わっての遊びの時間にはコマ回しや昔から人気の外遊びでシニア世代との楽しい交流時間も持つ。さらに，好奇心をかきたてる社会体験活動もある。学校教育とは全く意義もスタイルも違う教育事業がここにはわかりやすくある。

熱意さえあれば誰でも教育者になれる，これこそ教育のイノベーションではないか。社会が高度化する中で教育も分業化，専門化が進み地域住民の入り込む余地がなくなったかのようだが，分業や専門ということとは相対する全人的な生きる力の涵養は地域の得意とする分野ではないか。そこには期待される教育資源が埋もれている。

≫ 教育観の変革へ

地域の役割をより鮮明にし，その実績に応じて，学校教育が少しずつ背負い過ぎた荷物を地域に引き渡す。教育観の変革を伴いながら，地域と学校が対等のパートナーとなって協働する可能性を見出していくのもこれからの地域教育会議の役割ではないかと思う。

「学校だけでは子どもは育たない」田中雅文先生（日本女子大学）からいただいた言葉である。

宮越隆夫　1991年PTA参加以来30年余り社会教育活動に従事。現在，川崎市立臨港中学校区地域教育コーディネーター，川崎区地域教育会議議長，臨港中学校区地域の寺子屋コーディネーター。

8分間のつながりがもたらす連携の礎

≫「全然だめだ」

　あおば学校支援ネットワークは2005年に発足し，学校支援，青少年の体験活動，世代間交流，地域人材育成などに取り組んでいる。

　地域と学校の連携で深く印象に残っている出来事といえば，中学生との関りの中で自治会長さんの口から出たひと言である。

　小さい頃は地域に溶け込み，支えられてきた子どもたちも，成長とともに気恥ずかしさからか自発的に挨拶する子が少なくなり，背伸びした振る舞いによい意味ではなく目に留められることも出てくる。

　そのような年齢の中学生と地域の方との接点のひとつとなっている取り組みが，高校受験前の面接練習である。生徒たちは自治会長さんたちを相手に，模擬面接で練習をしてから受験に臨んでいる。

　模擬とはいえ，日頃から交流のある人が相手ではないので，緊張度は本番に引けを取らない。面接会場の教室から廊下へ出たとたん，終わった開放感からスキップをして教室へ帰っていった男子生徒を目にした時には，思わず笑ってしまった。

　この面接のコーディネートを初めて行った学校でのこと。面接を終えて控室に戻ってきた自治会長さんが開口一番，発したのが冒頭の「全然だめだ」だった。

≫「かわいくてかわいくて」

　学校教育に大変理解があり，よい部分もそうでない部分もはっきりと言われる方だっただけに，その言葉に一瞬気を落としかけたが，続いた言葉は予想外のものだった。

　「かわいくてかわいくて，全然点数をつけられないよ」

　地域の方たちは，大人と変わらない背丈になった中学校卒業間近の生徒を外から見て，

「かわいい」を繰り返した表現はおそらくこれまでしていなかっただろう。一生懸命に質問に答えようとする姿に応援する気持ちが醸成され，面接の出来を評価するどころではなくなった様子だった。

≫1%と8分間

　模擬面接で生徒とのやり取りは8分間。これを6〜7人の生徒に繰り返す。人数からいえば学校全体の生徒数の1〜2%である。それでも1%の生徒から発せられた真剣な言葉は，自身の子どもがすでに成人している世代の人にとって，地元の学校の生徒というぼんやりとかたどられたイメージでしか見えなかった中学生の印象を大きく変えたに違いない。

　地域ぐるみの青少年育成を考える時，一見，受験期の手伝いのようなこの取り組みに，地域人材が関わることで受験指導にも勝る大切なことが生まれている。地域の学校で自分が学び頑張ったこと，そしてここを巣立ち新たなステージでの目標を，自分の言葉で自分の口から地域の人へ直接伝えることは，成長過程で積み重ねられる貴重な体験のひとつである。

　地域の方には，面接が終わって生徒が退席する前に，応援するひと言をお願いしている。ひと言では終わらず，時間を超過する様子が度々見受けられ，逆にその気持ちはうれしくありがたい。そして，面接した生徒の顔はその後忘れてしまっても，その思いをもってすべての生徒を地域であたたかく見守ってくださっていると信じている。

　地域と学校の連携は，個と個の小さなつながりが，熱の通った連携の礎となっているのである。

竹本靖代　NPO法人あおば学校支援ネットワーク理事長。2005年の発足時より学校支援や青少年育成事業に取り組む傍ら，講演活動で担い手の育成を図っている。

第2部

共に生きる社会をめざして

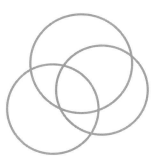

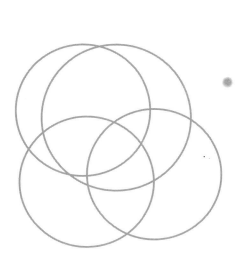

第5章 外国につながる子どもの母語学習支援における支援者の意識

高梨宏子

1. はじめに

　1990年代より日本に住む外国人の数が増え，家族移住に伴い外国につながる子ども（以下，子どもとする）の数も増加している。文部科学省の調査では，公立学校に在籍する外国籍の子どもは93,133人であることがわかっており，過去最高の在籍数を更新している。[1] 言語・文化的背景の異なる場所へ移動し，暮らしていくということは，さまざまな課題を抱えることになる。子ども達にとって大きなハードルとなるのは，日本語であり，支援ではその学習に取り組むことが多いが，子ども達の成長と発達においては，母語も重要である。日本語が主たる言語である日本において見過ごされがちであるが，母語は「子どもがこの世に生まれ出てから，自分を取り巻く『世界』を探索し，理解するのに重要な役割を果たすものであり，自分とその母語の源泉となる親や言語共同体とを結ぶ絆であり，また自己確立の基盤ともなるもの[2]」であり，「年少者教育に不可欠な，発達のかなめ[3]」である。子どもの学びの世界を広げる可能性をもっているのである。だが，学校においては積極的な母語に関する支援が施されているわけではない。教員だけで子ども達の母語支援をしていくことは困難であり，子どもの母語ができる母語支援者の存在は欠かすことのできない存在である。子どもにとって充実した学習の場を作り出していくためには，母語支援者が持続可能な形で支援し続けていくことが求められる。そのために，母語支援者が学習支援をどのように受け止め，支援を経験しているのかを明らかにすることが必要だと考える。そこで本章では，母語支援者のインタビューを通

して，母語支援者の意識を探り，母語支援者の意識が子どもの母語保持育成へ
与える意味を考察する。

2. 母語支援者の役割と意識

　子どもの母語ができる支援者に注目すると，かれらは学校の支援の場で多様
な活動を行っている。例えば，外国にルーツを持ち外国人に支援活動を行う複
言語サポーターは，通訳だけではなく，教員と子ども・保護者の間に入り，複
数の言語の相互作用を通じ，当事者間の関係構築の「橋渡し」として重要な役
割を果たしている。[4] 臼井智美と陳蕊は，母語支援者の支援には，子どもと教員
の間に入り，文化的相違への理解に果たす役割があることを明らかにした。[5] ま
た，支援が入ることによって，教員自身の学びにつながるような変化が見られ，
母語支援者は教員にも影響を与える存在となっていたという。これらの結果か
ら，母語支援者は子どもとかれらに関わる人々が意思疎通しようとする場面に
おいて欠かすことのできない存在であるといえよう。

　母語の重要性はコミュニケーション上の問題解決だけに留まらない。岡崎眸は，
子どもが日本社会にダウンルートする（根づく）ことを促し，支えるために母語の
重要性を指摘し，子どもの母語を教科学習に活用する取り組みとして「教科・母
語・日本語相互育成学習」(以下，相互育成学習とする）を紹介している。[6] 相互育成
学習では，母語教育と日本語教育を別々に行うのではなく，教科学習をブリッジ
にして，相互に支えあう形で育成することをめざしている。具体的には，この方
法による学習は在籍学級の授業の予習として取り組まれる。まず，子どもの母語
ができる支援者とともに教材文の翻訳を活用しながら母語で教科内容について
学び，その後，日本語支援者が日本語の教材文を用い，教科内容を日本語で学ぶ。
このとき子どもの母語ができる支援者も同席する。そして，母語と日本語での学
習で学んだことを土台にして在籍学級の授業に参加するといった方法である。

　学習支援の場で子どもの母語をいかに活かしていくか検討するうえで，教員
やボランティアらが専門の枠を超えての新たな挑戦が求められ，「母語話者も

含めて人々の協働が不可欠[7]」であると述べている。教員や日本語学習支援者などの日本人が主導して支援を行うだけではなく，母語話者すなわち母語支援者も主体的に子どもの学習支援に関わる支援のあり方も求められよう。

　相互育成学習による学習支援に参加した母語支援者に注目した研究に，大学院留学生，地域の外国人住民が支援者として関わったものがある。宇津木奈美子は大学院留学生を対象にした研究において，留学生が母語活用に不安を持ち，懐疑的に捉えていたが，支援を重ね，子どもの目線に立ちながら日本語支援者と協働することによって肯定的に捉えるようになっていったことを明らかにしている[8]。地域の在日南米人が教材の翻訳に参加した事例では，翻訳支援者は日本ではこういった活動に参加したことはなく，日本語の問題に不安を抱えていたが，コーディネーターのサポートを受け，子どもの学習の様子を知ることで積極的に参加をしていくようになった。その背景には，支援を通して自らが行う翻訳支援が子どもの将来の展望を拓くという気づきを得たことがあった[9]。支援参加が支援者自身の意識に変容をもたらしていることが窺われる。宇津木が対象としたのは大学院留学生だった。高度な日本語能力を持つことから支援の現場でも活躍しているが，帰国や就職などで継続的な支援参加が難しくなることがありうる。また，翻訳をした在日南米人は地域の定住外国人であり，裏方ながらも積極的な翻訳支援を行っていた。しかし，地域の定住外国人も母語支援者として学校の母語学習支援に参加できないのだろうか。学校において地域の貴重な人的資源が活かされることは，子ども達の学校での学習活動をより豊かなものにするのではないだろうか。

　以上の研究関心から本章では，学習支援を継続的に経験した母語支援者は母語学習支援に対してどのような意識を持つのかを明らかにすることを課題とする。

3. 外国人母語支援者への調査の概要

　今回は，母語学習支援に長く関わっている外国人支援者に実施したインタ

ビューデータを事例研究として分析する。

　今回対象となるのは，中学校や地域で母語を使った支援に参加してきたA
である。Aは中国の大学を卒業した後，3年ほど中国で中学校理科教員として
働いていた。その後，日本人男性と結婚したことを機に日本での生活を始めた。
日本語教室などで日本語を学び，調査を実施した際には，流暢なレベルだった。
日本に来日してからは，専業主婦として生活していた。自分の子どもととともに
日本と中国を行き来する時期もあったが，子どもを中国から呼び寄せて日本に
主軸を置いて生活するようになった。

　2013年からB市の国際交流協会から学校に派遣される母語通訳支援者とし
て取り出し授業や入り込み授業で通訳支援の活動を始める。Aが通訳をしてい
たC中学校の国際教室でD教室が実施していた相互育成学習を使った支援にも
母語学習支援者として活動する。この支援では中学校3年生を対象に在籍学級
の国語の教科書を教材としていた。筆者はこの活動に日本語学習支援者として
参加しAと協働支援者としてともに活動していた。学校での支援活動の他にも，
地域の国際交流協会で，定住外国人の市民を対象にした相談窓口の仕事，子ど
もを対象とした土曜日補習教室にも参加し，さまざまな活動を開始した。

　インタビューは2014年3月12日と2017年3月9日の2回に分けて実施した。
いずれのインタビューも時間は1時間半程度で，場所はC中学校近隣のB市国
際交流センターの一室で行った。インタビュー協力にあたり，協力をいつでも
拒否できること，答えたくない質問には回答を拒否できること，本名は公表し
ないことを確認した後に，Aにインタビュー協力の許可を得た。

4. 支援者の語りから

　支援をふり返りながら，支援に参加した経緯や支援の経験，子どもの教育に
対する考えを聞いた。

(1) 支援参加動機と継続意思

　Aが子どもへの支援を始めたきっかけは，役所に掲示された通訳支援サポーター募集のポスターだった。日本語に困っている外国人を助けるボランティアをしたいと考え，母国で理科教員をしていたAは，とくに子どもへの支援に関心を持つ。通訳支援サポーターに応募し，通訳支援者として活動を開始する。当初は，小学校や中学校の教室に入り込み，授業中に子どもの横に張り付いて通訳をするという役割を担っていた。「日本の教育，子どもたちに対して，ひとりひとり真面目に教えてあげること，私外国人として感動で」と，子どもたちへの支援の手厚さに「感動」を覚えたとふり返っている。

　こうした思いを抱えながら，支援をしていたAだが，「辞めよう」と思うこともあったという。

　　先生しゃべったことが，すべて子どもに伝えられない部分があって，その場で，じゃあもういいわ，子どもにたいした役に立たなくて，もうそろそろ辞めようかなと，何回も何回も思ってました。ただし，ずるい考え方かどうか分かんないけど，甘い考え方かな。私もできないけど，もしかしたら日本へ来たばかりの子が，私よりもっともっと分からなかった。すべて子どもの役に立たなくても，1個2個でも子どもの協力できたらいいなと思って。

　通訳は，日本語で話されたことを的確にその場で子どもに伝えることが求められる。ただ，授業内容やその日の授業で取り扱う分量，子どもの特徴や状態などが原因となり，うまく通訳できないことは十分に考えられる。「辞めよう」と思いながらも，辞めずに支援を続けたのは，目の前にいる子どもたちが，日本語で苦労している現実を見たからである。

(2) 子どもの母語に対する考え

　通訳支援とは異なる母語の使い方となり，Aは，支援を重ねていく度に，母語で学ぶ意味を理解していったと報告している。

（母語で学ぶ意味は，）やっているうちに，感じられるようになってきた。最初は全然理解できなかった。

　母語で学習することに対して，参加当初は理解できなかったという。その段階では，Aにとって母語は日本語を理解するためのツールであって，子ども達の学習を深めるものと捉えられていなかったと考えられる。
　では，母語を使って支援することにどのような意味を見出したのか。次は母語を学習する意義を子どもの言語環境に注目して述べている部分である。

　母語も習わないといけません。子どもたち，親は忙しいから，家に帰っても生活のことしか言わない。自分の国の文字を書くチャンスも読むチャンスもない。学校で，まじめに母語で勉強する（ことに意味がある）。

　母語を学習していく必要性については，子どもの母語保持育成の機会の少なさを指摘している。子どもは家庭で母語を使うことがあっても，それは生活言語の範囲に留まり，母語を読み書きする機会自体が少ないことが指摘されている。意識的に親が母語教育を行うことはハードルが高い。母語での学習を学校で行うことに期待を寄せていることが分かる。
　さらに，Aは次のように述べている。

　まず母語。それから日本語。それまたすごく斬新な教え方だから一石二鳥。ただ日本語，学校の授業がわかるだけじゃなくて，母語も練習できる。自由に母語の勉強もできる。自分の国の子とつながりもあります。それがすごく効果的だなと思いますね。

　母語で学び母語を伸長させることに意義を見出すようになった。日本語と母語どちらか二者択一とするべきではないという意識が見られる。母語を重視する姿勢が強くなっていることが分かる。また，教科内容を理解することだけに

こだわるのではなく，教科を学びながら母語を学ぶといった相乗効果を指摘している。参加当初は母語で学ぶことを「全然理解できなかった」と述べていたが，支援に取り組むことで母語の捉え方も変わってきた。母語が学習を豊かにしていくものであるとの認識が生まれてきたことが窺われる。

(3) 子どもの学習に求めるもの

　相互育成学習に参加するようになり，Aは会話に問題のない子どもでも学習に必要な母語の力が落ちている現実を知った。また，母国に関する知識・情報も学年相当ではないと感じられたという。参加から1年の支援では，子ども達の自宅学習にも母語が取り入れられるようにと考え，母語で宿題を出すという工夫をしていた。さらに，教材の内容を教えるにとどまらず，教材と関連知識の「横のつながり」を意識していた。

　　子どもに幅広く，教科書の内容だけじゃなく，幅広く中国語で教えたほうがいいと思って。あと，文章を書いた人，作家，その作家も今中国で有名な作家，自分の国の，どういう人，もの，存在があるか，横のつながりの話ができればいいと思っています。

　このようにAは教材を出発点にしながら，母国にまつわる内容も含んだ幅広い内容を知る機会となることをめざしていた。日本で暮らしている子どもは母国にまつわる情報に接しにくい。例えば，中学3年の国語の教材の中には，魯迅の「故郷」が掲載されており，教材を通して母国の歴史や文化などを学ぶことができる。和歌や日本の古典に触れた場合は，その歌が作られた時代に母国で活躍した詩人と作品にもAは触れていた。このように子ども達の学習の広がりを意識するようになっていった。

　3年の支援を経験したのち同様にどのような支援をめざしていたか問うと，「楽しい勉強」という答えが返ってきた。

今日Ｄ教室の活動がありました。で，家に帰って「さっき何を勉強した」「昨日Ｄ教室で何を勉強した」「ちょっと面白かった，何か分からなかった」「じゃあ今日先生いないけど，ちょっと私がちょっと（教科書を）見てみよう」という，つながってくれれば。（中略）そういう，だからもうちょっと楽しい勉強。

　Ａにとって「楽しい勉強」とは，子どもの学習意欲を刺激し，自主的な学習につながるような学びであると読み取れる。帰宅後の自宅での学習に思いを巡らせている背景には，Ａ自身が子どもの様子を家で見ていることがある。母語が子どもの学習意欲を引き出し，深めるものとしてつながっていくことを期待している。Ａは，こうした学習のあり方を「楽しい」と表現している。これは「子どもにとって楽しい」ものであることを重視していると考えられ，3年の支援経験によって，子どもを主体と捉えた学習の意味を見出していると考えられる。

(4) 支援参加によって自身に起きた変化

　支援に参加することは，Ａにどのような影響を与えたのだろうか。自身の変化をふり返っている。Ａは来日以来，専業主婦として生活をしてきたが，母語学習支援に関わるようになり，再び学び始めたことを変化として挙げている。ここまで見てきたように，Ａは子どもに幅広く楽しく学んでほしいという思いを持っていた。そのため，支援準備を熱心にしており，自身も学びながら支援をしていた。そのことにＡは喜びに近いものを覚えたようである。

　この世に生まれてきて，より周りのことを知ろう，世界のことを知ろう，今までできなかったことを上手にできたらいいなと思って（中略）もっと社会的な言葉使えたら，人生もっとカラフルになる。

　好奇心をもって世界を見るようになっていったと述べている。また「社会的な言葉」を使えるようになり自身の能力がさらに開発されていくことは，自分

にとって有意義なことであり、「人生もっとカラフルになる」と表現しているように自分の可能性を感じている様子が窺われる。

　次は、Aが支援前後で自身に起きた変化を説明している部分である。

　　（いろんなものに）興味持つようになりましたのが、先生方（※日本語支援者達のこと）のおかげです。すべてクローズしたかなと思って。もう一度オープンして、興味持つようになって、アンテナ、作り直した。

　支援に参加する以前を「すべてクローズ」した状態と例えている。結婚をきっかけに日本に移住してきた女性達は、職場や地域、家庭などの生活場面において日本語を使わなければならない精神的負担や言語面の不利益、母語が認められない寂しさや苛立ちといったものを抱えながら生きている。[10] 異なる言語・文化をもつことで外国人特有の悩みを抱える傾向にあり、定住すること自体に悩むこともある。Aも悩みながら生活していたと推測されるが、子ども達に役に立つことがしたいと取り組み続けてきた支援によって、再び社会への関心を持つようになった。Aは日本語支援者のおかげだと述べているが、協働で支援を行ってきたことが、Aが社会との関わりを持とうと思ったきっかけになった。子どもに関わり、支援者と協働的支援を行うことは、Aに自身の可能性を再認識させる機会になっていた。

5. まとめ

　以上、Aの語りを事例研究的に見てきた。Aは母語支援者として子どもの学習に貢献したい思いを持ち支援をしてきた。Aの語りから考察された点を以下に述べる。

(1) 子どもにとっての母語と学習の意味の変容
　Aは母語を使った支援活動を通して、子どもにとっての母語の意味と、学習

に対する考えを変容させていた。当初，母語で教科を学ぶことを理解したうえで活動を開始したわけではなかったが，母語は子どもにとって学ぶ意義があるものだと考えるようになった。日本語を学ぶため，もしくは教科内容を理解することだけに着目するのではなく，母語の力も同時に伸ばしていくことをAは意識するようになっていった。母語と日本語，教科を捉え直しながら支援をしていたことがわかった。

　学習に対しても変化が見られた。Aは同じ中国出身の子ども達に中国に関する情報を多く伝えたいと考えていた。その後は，子どもの学習意欲が促されること，そして自主的な学びにつながることを重視するようになっていった。子どもが学習の主体であり，その学習をいかに支えるかといった捉え方に変容していた。こうした支援者の変容は，子ども達が日本で母語を諦めることなく，学習の機会を持ち続けることにつながるだろう。

(2) 支援者の背景を活かした支援

　今回の事例では，地域の外国人住民であり，結婚を機に来日し子どもがいるAを対象にした。これまでの母語支援者研究において，大学院留学生の事例が取り上げられていたが，地域の定住外国人や子どもの母親も，学校や地域社会において，自身の言語資源を存分に使い，子ども達の学習を支える取り組みが可能であることが分かった。

　さらに，Aは家庭での言語環境や学習環境にも思いを寄せながら，支援に取り組んでいた。家庭で母語や母文化を学習することの難しさ，一方で子どもが自宅でも自主的に学習する重要性が語られた。子どもを持つ親という当事者としての視点が，支援の中で見逃されてしまう部分をすくい上げ，新たな支援の方法を見出すことにつながっていった。子どもと同じ母語である以外にも個々の背景を活かした支援をすることで，子どもの学習の可能性はさらに広がるだろう。こうした支援に多様な背景の人々が関わることの意義は深いと考える。

(3) 支援参加によるエンパワメント

　そしてもう一つ，支援者にとっては支援に参加すること自体が支援者自身の
エンパワメントになっていたのではないかと考えられる。Aは「すべてクロー
ズした」状態から，社会との関わりを再び「オープン」，すなわち作ろうとす
るようになっている。少数派の言語・文化を持つ外国人は多数派言語・文化の
中では周辺化しやすく，地域の中で孤立化してしまう可能性がある。地域の外
国人がひとりでこの状況を打開しようとすることは困難であるが，Aは，子ど
もとの関わり，支援者との協働といった支援活動を通して，新たに自分の可能
性を見出すことができた。これは，周辺化・孤立化といった困難な状況に対し
て他者との関係によって力を得ていく過程と捉えられ，支援自体がAにとっ
てエンパワメントの機会のひとつであったと考えられる。

　Aの語りから，母語支援者の必要性とともに，その学習の広がりへの期待と
新たな可能性が見出される。しかし，外国人に何でも任せればよいということ
ではない。Aがいれば，子どもは教科内容や在籍学級の日本語のやり取りをす
べて理解できるということはない。学習への理解，子どもへのまなざし，他の
支援者との関係などといった支援に関わるあらゆる事柄が，支援者それぞれの
ペースで育まれていくことが求められる。こうした点にも十分に配慮し，かれ
らの言語資源を活かした支援の場を作っていくためには，子どもの学習に対す
る思いや支援者のこれまでの経験などを汲んだ支援をしていくべきだろう。

　その場合，学習支援において他の支援者との協働的関係は欠かすことができ
ない。教員や他の日本人支援者との協働的関係が母語支援者の支援にいかに貢
献するのかは今後の課題としたい。

注

1）文部科学省「『日本語指導が必要な児童生徒の受入状況等に関する調査（令和3
　年度）』の結果について」2022年。
2）山本雅代「『母語教育』実施への模索——コンピューター利用の遠隔指導」山本
　雅代編『日本のバイリンガル教育』明石書店，2000年，p.255。
3）湯川笑子「年少者教育における母語保持・伸長を考える」『日本語教育』第128

　　号，2006年，p.16。
4）徳井厚子「関係構築の「橋渡し」としての複言語サポーター——インタビュー調査から」『信州大学教育学部研究論集』第7号，2014年，pp.45-57。
5）臼井智美・陳蕊「外国にルーツのある児童生徒の教育における母語支援員の役割——文化的相違に着目した児童生徒と教員の間の困惑の軽減」『大阪教育大学紀要』第68号，2020年，pp.53-74。
6）岡崎眸「年少者日本語教育の課題」お茶の水女子大学日本言語文化研究会編『共生時代を生きる日本語教育——言語学博士上野田鶴子古希記念論集』凡人社，2005年，pp.165-179。
7）同上論文，p.178。
8）宇津木奈美子「子どもの母語を活用した学習支援における母語話者支援者の意識変容のプロセス」『人間文化創成科学論叢』第10号，2008年，pp.85-94。
9）宇津木奈美子「地域の日系南米人による教科支援の可能性——国語教材文の翻訳活動を通して」『母語・継承語・バイリンガル教育研究』第6号，2010年，pp.59-79。
10）伊藤孝恵「外国人妻の夫婦間コミュニケーションの問題——先行研究の整理から」『山梨大学留学生センター研究紀要』第2号，2007年，pp.17-24。

第6章 「夜間中学」という学びの「場」
教育保障をめぐる今日的課題から

長岡智寿子

1. はじめに

　「夜間中学」という学びの「場」があることをご存じだろうか。戦後の混乱期，生活困窮のため労働や家事手伝いに従事せざるを得ない状況から，就学することが困難な学齢期の子どもが多く存在した。1947年，一部の公立夜間中学の教師が自主的に夜間学級を開設し，二部制（昼・夜）として学習の機会を提供したことが始まりであった[1]。以降，夜間中学は1954年に12都道府県において87校，1955年には在籍生徒数5,208人をピークに設置校数，生徒数も減少を続けている[2]。夜間中学では貧困や病気等のさまざまな理由により義務教育を修了できなかった人や，不登校等のためにほとんど学校に通えなかった人，また母国や日本において義務教育を修了していない外国籍の人などが学んでいる。昼間の中学校と同様，公立の中学校である。授業料は無償であり，授業は週5日間行われ，教師は公立中学校の教員である。すべての課程を修了すれば中学校卒業となる。

　今日，夜間中学で学ぶ生徒の顔ぶれは大きく様変わりしており，在籍生徒数の約8割が外国人という状況にある。法務省によれば，2021年6月現在の在留外国人は2,823,565人とされ，その人数は年々上昇傾向にある[3]。新渡日外国人の多くが労働ビザで入国後に家族を呼び寄せるなどし，とくに，18歳未満の子どもが母国での教育歴が乏しい状態で来日した際，夜間中学校に対するニーズが教育保障の観点からも高まっている。

　本章では，今日の多様な学習者が集う「夜間中学」に至るまでの史的変遷を

踏まえ，昨今の設置状況や市民レベルでの普及，増設運動についても触れながら，日本社会が抱える基礎教育保障の今日的課題について考察する。

2. 義務教育未修了者の存在と教育保障をめぐって

現在，日本社会において日本語の読み書きが困難であることから，厳しい生活環境に置かれてきた人たちが存在する。国際的には日本の15歳以上の人々の識字率（日常生活における簡単な文字の読み書き，計算能力を示す割合）は限り

表6-1　未就学者と最終卒業学校が小学校の人の年代別状況

	未就学者			最終卒業学校が小学校の人		
	総数（人）			総数（人）		
		日本人（人）	外国人（人）		日本人（人）	外国人（人）
総数	94,455	85,414	9,024	804,293	784,536	19,731
15-19歳	1,760	1,563	197	302	144	157
20-24歳	2,632	1,706	926	1,084	484	600
25-29歳	2,721	1,665	1,056	1,424	643	781
30-34歳	3,402	2,346	1,053	1,976	803	1,172
35-39歳	3,794	2,885	908	2,245	988	1,255
40-44歳	4,357	3,514	841	2,707	1,148	1,558
45-49歳	5,102	4,239	863	3,456	1,454	2,002
50-54歳	4,753	3,956	797	3,417	1,393	2,022
55-59歳	5,246	4,659	586	3,246	1,659	1,587
60-64歳	5,912	5,489	420	4,308	2,923	1,385
65-69歳	7,456	7,181	274	6,333	5,013	1,320
70-74歳	8,404	8,205	197	9,217	8,220	996
75-79歳	8,212	8,042	169	20,159	19,229	928
80-84歳	9,832	9,594	237	61,422	59,975	1,446
85-89歳	10,028	9,831	195	279,791	278,202	1,584
90-94歳	7,221	7,027	194	276,503	275,795	702
95歳以上	3,623	3,512	111	126,703	126,463	236

2020年国勢調査から
出所：教育新聞（kyobun.co.jp，2022年6月9日最終閲覧）

なく100％に近い数値により報告されており，日本には読み書きができない人は存在しないかのように見なされている。しかし，現実には，ひらがなの読み書き能力さえ乏しく，成人しても社会に参画することが困難な状況にある義務教育未修了者が存在している。2020年の国勢調査では小学校にも中学校にも在学したことがないなどの未就学者が94,455人と報告され，義務教育未修了者は約90万人におよぶことが明らかになった（表6-1参照）。幼少期に貧困等の理由により就学の機会を持てなかった人の他，小，中学校を長期欠席，不登校であった人達の割合についても増加傾向にある（図6-1参照）⁴⁾。

では，義務教育未修了者はどのような状況に置かれているのだろうか。多くの場合，病院でも問診票などに氏名を書くことが難しく，買い物でも割引の計算が分からず，また，駅で切符を買うことも苦労するという。そのため，読み書きが必要のない労働に従事することになるが，就労しても日報などを書くことができない。自分宛に届いた書類や手紙も読めないため，結果として，文字

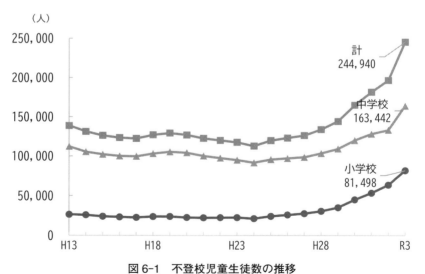

図 6-1　不登校児童生徒数の推移

出所：文部科学省「令和3年度 児童生徒の問題行動・不登校等生徒指導上の諸課題に関する調査結果の概要」より

と向き合うことで苦痛を強いられることになるのである[5]。自ずと文字を避けてしまう生活を送ることで想起されよう。

　かつて，田中勝文は，義務教育の機会を就学猶予や免除により得られなかった人や入学後に長期欠席となってしまった人たちにとって，「学校」とは一体何であったろうかと戦後夜間中学の姿を通して義務教育機関である学校の実質的な在り方を問うている。なかでも，1970年代以降の特徴として，「学校嫌い」「登校拒否」が増えた時期が高等学校進学率の上昇時期と一致していることから，昼間の義務教育学校がその福祉的機能，すなわち，すべての子どもの発達保障の機能を充分に果たしていないのではないかと提起している[6]。そして，何よりも夜間中学に入学する生徒の家庭環境が低所得者層であることから，夜間中学は福祉行政を補完する役割をも担っていると考察している。

　基礎的な学習の機会を得ることはもはや人権の観点から必要不可欠であり，それは「生きること」を意味する。つまり，夜間中学には今日の日本社会の重要なセーフティーネットとしての役割が付与されているといえる。

3. 夜間中学の社会的位置づけをめぐる史的変遷

　今日，夜間中学で学ぶ生徒の顔ぶれは，戦後の混乱期から高度経済成長期を経て，グローバリゼーションの下での社会情勢の変遷とともに大きく変化している。浅野慎一は敗戦後の混乱期から現在に至るまでの史的変遷過程について，5つの時期区分に分けて特徴を分析している（**表6-2参照**）[7]。第1期は敗戦後の混乱と経済的困窮（1947年〜1954年度），第2期は高度経済成長と地域間における格差の拡大期（1955年〜1969年度）である。第3期は，学齢者・形式卒業者の排除と生徒層が大きく多様化した1970年〜1998年度である。第4期は，世界規模のグローバリゼーションの下で新渡日の外国人が急増した1999年〜2018年度としている。そして，第5期は，グローカリゼーションとディアスポラとして2019年度から現在に至るまでに区分している。

　「あってはならないが，なくてはならない学校」としてさまざまな社会の矛

表 6-2　夜間中学をめぐる社会的位置づけの変遷

時期区分	特徴
第1期：敗戦後の混乱と経済的困窮（1947 〜 1954 年度）	1954 年度には 12 都道府県に 87 校，1955 年には生徒数 5,208 人が在籍。学齢超過者も多数在籍
第2期：高度経済成長と地域間格差・学校嫌い（1955 〜 1969 年度）	生徒数の大幅な減少。地域間格差の拡大期 学校嫌い・登校拒否による不就学者の増大
第3期：学齢者・形式卒業者の排除と生徒の質の爆発的多様化（1970 〜 1998 年度）	生徒数は 5 倍に急増 形式卒業者の入学不許可措置の強化 多様化する生徒の背景（在日韓国朝鮮人，引揚帰国者，移民，難民）
第4期：グローバリゼーションと新渡日外国人（1999 〜 2018 年度）	新渡日外国人生徒の急増：グローバルな世界市場により創出された移民労働者とその家族 2016 年：義務教育機会確保法の成立により日本人の形式卒業者の入学へ
第5期：グローカリゼーションとディアスポラ（概ね 2019 年度〜）	夜間中学の増設，日本で生まれた若年不登校者，無戸籍・形式卒業者・学齢の不登校者等の増加傾向

出所：浅野慎一「夜間中学とその生徒の史的変遷過程」『基礎教育保障学研究』第 5 号，2021 年より筆者作成

　盾を抱えてきた夜間中学という学びの「場」は，社会の中で翻弄されながらも静かに学びを必要とする人々の受け皿になってきた。とりわけ，行政と闘ってきた夜間中学の唯一の全国組織である全国夜間中学校研究会（全夜中研）の活動があったからこそ，「夜間中学（中学校夜間部）という一つのまとまりをもった運動・実践として自他共に認識されるようになった」といえよう。[8]

　夜間中学の社会的位置づけをめぐるもっとも大きな変化としては，2016 年 12 月に「義務教育の段階における普通教育に相当する教育の機会の確保等に関する法律」（義務教育機会確保法）が成立したことであろう。夜間中学の根拠法ともいえる同法の成立については，1954 年の全夜中研の第 1 回大会以来の法制化に向けた関係者の長きにわたる努力の成果であるといえる。[9]

　2017 年 2 月に全面施行後，政府は「最低一県に一校の夜間中学開設を」とし，すべての自治体に開校の義務を課すこととなった。具体的には，①義務教育未修了者の意思を十分に尊重しつつ，年齢・国籍その他の事情にかかわりなく教

表 6-3　夜間中学卒業後の状況（平成 30 年度卒業生）

（卒業後の状況別）	日本国籍	日本国籍を有しない者	合計
高等学校進学	27 （10.3%）	127 （48.5%）	154 （58.8%）
専修学校進学	0 （0.0%）	2 （0.8%）	2 （0.8%）
就職	3 （1.1%）	36 （13.7%）	39 （14.9%）
その他	15 （5.7%）	52 （19.8%）	68 （25.6%）
合計	45 （17.2%）	217 （82.8%）	262 （100%）

（　）内は平成 30 年度に夜間中学を卒業した生徒数を 100％とした場合の割合
平成 30 年度に夜間中学を卒業した生徒数：262 人
出所：第 67 回全国夜間中学校研究大会口頭発表資料，2021 年

育の機会が確保されるようにすること，②国・地方公共団体は，教育機会確保施策を策定・実施の責務がある等，の記述が盛り込まれた。

　文部科学省においても教育機会確保法の成立以降，同法において地方公共団体は夜間中学における就学機会の提供等の措置を講ずるものとされたこと等を踏まえ，夜間中学に関する実態調査（2019 年）を実施している。調査結果によると，夜間中学に通う生徒数 1,729 名のうち，①日本国籍を有しない者 1,384 名（80%），②義務教育未修了者 197 名（11.4%），③入学希望既卒者 148 名（8.6%）とあり，在籍生徒の年齢は，60 歳以上の生徒が 404 人（23.4%），16 ～ 19 歳の生徒が 330 人（19.1%）と報告されている。[10]

　また，夜間中学卒業後の進路については，高等学校進学者が 154 人（58.8%），就職した人が 39 人（14.9%）となっている（表6-3参照）。高等学校進学者の内，約 5 割が日本国籍を有しない人たちであるが，自らの進む道を定め，継続して学ぶ機会を獲得していく力強い姿が映し出されている。

4.「学校」としての存在意義をめぐって

　義務教育確保法の成立により，夜間中学をめぐる社会的位置づけは整ったも

のの，関西で夜間中学校の開設運動に半世紀にわたって関わってきた元新聞記者の川瀬俊治は，「夜間中学とは一体，何だったのか」と問い直しながら，夜間中学がなぜ必要とされるのか，その役割や存在意義について自問を繰り返している。とくに，1960年代〜1970年代の夜間中学増設運動においては，行政に働きかけることで開校の運びとなったが，運動の過程で関連する人々（運動に参加する人，行政担当者，メディア）が多くのことを学び，義務教育未修了者や不就学者の姿を知り，彼らから多くのことを学んだことがいかに重要であったかについて述べている[11]。

　また，関西で夜間中学の増設運動に取り組んできた教員らは，学習者の実態と真正面から向き合わなければ夜間中学の学習は成立しないことを提起し，夜間中学で実践してきた「学び」を次のように分析している。

　・自己否定から自己肯定へと転換を図る学び。
　・生き方，人生，生い立ちを学習の中に登場させる。
　・暗記する学びから，分からなければ自分で調べる，その調べ方を学ぶ。
　・学習者が学ぶ意味を実感できる内容。
　・指導要領のいう教科の枠に拘束されない学び。
　・教える者，教えられる者の固定化を排除し，その立場が変化していく学習
　　と展開を追求する。

　夜間中学生が提起した「学び」とは，「生活の現実から出発し，孤立してきた人と人とを結び，仲間をつくる」ものであったのだ[12]。設定されたカリキュラムに従って学ばなければならない「学校型教育様式」とは異なり，自らの存在意義を確かめ，自己肯定感を育む学びの在り方を追求していくことである。このことは，新しく知識を獲得しつつも，さまざまな境遇の中で生活を生き抜いてきた仲間との連帯により，共に社会参加を果たしていくことへつなげていくことを示唆している。知識を詰め込み，優秀な成績を納めることを求める教育ではないのである。夜間中学での学びは，自らの存在を確かめ，学習者を孤立

させず，共に歩み出すことを推進するものであるといえよう。

5. 「夜間中学」の周知に向けて： 映画「こんばんはⅡ」の上映活動から

　義務教育機会確保法の成立以降（2016年），国は全国の都道府県および政令指定市に少なくとも1校以上の夜間中学の設置という目標を掲げてきた。しかし，社会的な認知は法律が成立したとしても急に進むことはないといえる。数少ない公立夜間中学の設置自治体においてさえ，夜間中学の存在はあまり知られていないのが現状である。近年の設置状況は図6-2のとおり。

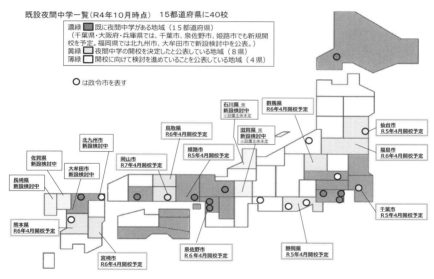

図6-2　夜間中学の設置・検討状況（2022年10月現在）
出所：文部科学省　https://www.mext.go.jp/a_menu/shotou/yakan/index_00003.htm（2022年11月20日最終閲覧）

　筆者は元夜間中学教員らを中心とする「夜間中学と教育を語る会」の活動の一環で，夜間中学の増設運動とともに，その社会的意義を広く周知することを

**図 6-3　映画「こんばんはⅡ」
　　　　ポスター**

出所：http://www.konbanha2.com/
（2022 年 11 月 20 日最終閲覧）

念頭に短編のドキュメンタリー映画「こんばんはⅡ」（図6-3参照）を各地にて上映する「全国夜間中学キャラバン」の活動にかかわっている[13]。本作品の監督である森康行は，制作の過程は「現在の日本の抱える問題との出会いであり，現代史の語り部たちとの出会い[14]」であったと述べている。そして，私たちが生きて行くうえで，教育のみならず，社会の経済格差や不安定な制度，貧困という過酷な現実が見えてきたことを伝えている。貧しさや病気，学校生活の中でいじめられたことにより心を痛めてしまった人，そして，外国から逃れてきた人など，実にさまざまな境遇を経てきた人々の姿が示唆することは，人は「学ぶこと」により自らの人生を見つめ直し，切り開いていく力を備えているということである。さらには，困難な状況下においても生きることの重要性を共に考えていくことを強く訴えかけるものである。

　このような日本社会の抱える教育課題について広く世界の人々にも現状を伝えられるように，2021 年 9 月に英語字幕版DVDも制作した[15]。とりわけ，今日のコロナ禍においては彼らの学習環境は大きく不利益を被ることになってしまった。失業した生徒も多く，生活が困窮する中での学習活動の継続は，およそ困難である。夜間中学で学ぶ人たちが抱える課題は，私たち一人ひとりに突き付けられていることを痛感せずにはいられない。

注
1）1947年10月大阪市生野区生野第二中学（現：勝山中学）における夕間学級が始まりであった。
2）現在は15都道府県に40校が開設（図6-2参照）。
3）法務省出入国在留管理庁「2021 年 6 月在留外国人統計」https://www.moj.

go.jp/isa/policies/statistics/toukei_ichiran_touroku.html（2021 年 12 月 20 日 最終閲覧）

4）学齢時に一度も登校することがなく形式的に卒業証書が発行され，形式的に卒業したことになっている形式卒業者について，2016年の教育機会確保法の成立により，夜間中学入学が認められるようになった。図6-1では，小・中学校における長期欠席者のうち，不登校児童生徒数は244,940 人（前年度196,127 人）であり，児童生徒1,000 人当たりの不登校児童生徒数は25.7 人（前年度20.5 人）となり，不登校児童生徒数は9年連続で増加し，過去最多となっている。

5）関本保孝「夜間中学の歴史と現状，今後の課題」映画「こんばんはⅡ」鹿児島県上映会，口頭発表資料，2022年3月19日。

6）田中勝文「夜間中学校を通して学校を考える」『教育学研究』第45巻，第2号，1978年，pp.107-117。

7）浅野慎一「夜間中学とその生徒の史的変遷過程」『基礎教育保障学研究』第5号，2021年，pp.77-93。

8）江口怜「夜間中学政策の転換点において問われていることは何か——その歴史から未来を展望する」『〈教育と社会〉研究』26号，一橋大学，2016年，p.35，添田祥史「夜間中学をめぐる動向と論点整理」『教育学研究』第85巻，第2巻，2018年，pp.196-205。

9）浅野によれば，「直接的には，第4期における普遍的人権としての学習権保障・人権救済を求める運動が獲得した重要な成果でもある」（浅野，前掲論文，2021年，p.86）としている。

10）文部科学省「令和元年度夜間中学等実態調査報告」。

11）川瀬俊治「夜間中学増設運動がいま直面していること」「生きる 闘う 学ぶ」編集委員会編『生きる 闘う 学ぶ　関西夜間中学運動50年』解放出版社，2019年，pp.457-467。

12）同上書，pp.2-3。

13）澤井留里・庄司匡・長岡智寿子「「義務教育機会確保法」施行後の夜間中学全国設置の新しい地平：映画「こんばんはⅡ」全国キャラバンの中間報告」基礎教育保障学会第6回研究大会，口頭発表資料，2021年。

14）森康行「『こんばんは』から『こんばんはⅡ』へ——夜間中学校で出会った人たち」『基礎教育保障学研究』第3号，2019年，p.62。

15）村尾純子・深山晶子・辻本智子・横山香奈・A. Moore 編著「夜間中学校が新たな「学びの場」に」『Insights 2022　世界を読むメディア英語入門2022』金星堂，2022年，pp.23-28。

第7章 人生100年時代に求められる社会教育事業に関する一考察
ミドルエイジ事業からみる可能性

井出祥子

1. はじめに——マルチステージの歩き方とは——

　人生100年時代が到来することにより，これまでの「教育－仕事－引退」という3つのステージから成る単線型の人生は，「エイジ」と「ステージ」がかならずしもイコールでなくなるマルチステージ型の人生へと転換していくことが見込まれている。[1]　また，2025年からは65歳定年が義務化され，いわゆる「第2の人生」と言われる期間は大幅に短縮し，その分延伸した「第1の人生」を，いかに充実させながら長期間歩くかを考えなくてはならない時代を迎えている。

　筆者が勤務する神奈川県藤沢市では，第2の人生にスポットをあてた地域デビュー講座を積極的に実施してきた。しかし，60歳定年を前提とした企画内容では人が集まらず，近年は参加者減少の一途をたどっていた。この状況を打破するにはどうしたらよいか事業企画者として悩む中，延長する第1の人生をこれから歩むこととなる40代後半から50代に対して，地域とつながるアプローチを支える戦略を現在とっている。2017年に首相官邸に設置された「人生100年時代構想会議」において，「超長寿社会の新しいロールモデルを構築する」という目的が掲げられていることからもわかるように，人生の折り返しを迎えたこの世代には，思考様式を大きく変えて「人生100年時代の新しい生き方」を実践するロールモデルとなる先達がいない。そのため，自分のライフデザインをどのように構築していいか迷っている現状がある。

　本章は，40代から50代を「ミドルエイジ」と位置づけて実施している藤沢市の事業の分析を通して，令和時代における社会教育事業の可能性を検討する。

2. 藤沢市の横顔——ミドルエイジが多いまち——

　日本の総人口が減少傾向にあるなか，藤沢市はわずかながらも人口が増加している自治体である。海が近く気候が温暖で，子育て世代を中心に湘南ブランドに憧れて移住してくる人が多いまちである。人口構成では40代から50代の「勤労世代」が多いことが特徴で，長年ベッドタウンとして栄えてきた。しかし，コロナ禍でリモートワークが進んだことに伴い，日中も地域で過ごす人が増えている。その結果，会社だけでなく地域にも「人のつながり」(コミュニティ)を求める声をよく耳にするようになってきたものの，平日はもとより，夜間や休日も地域にコミットしてこなかった(できなかった)彼らが，地域とかかわる糸口を見つけることは容易ではない。

　「地域に巻き込みたい行政と地域にかかわりたい市民」，まさに行政課題が市民ニーズと合致したこのタイミングを生かすべく，社会教育としては稀有な取り組みといえる「世代限定型事業」を開始することとした。

3. 事業概要——ミドルエイジ事業とは——

　藤沢市には市民の学びを支える屋台骨が2つある。ひとつは，地域密着型プログラムを提供する各地区の公民館(独立並列方式)と，もうひとつは，全市的視点型プログラムを提供する生涯学習大学である。ミドルエイジの取り込みは，市全体の喫緊の課題ということで，生涯学習大学で実施することとした。

　生涯学習大学は2002年に開校し，当初「シニア世代の生きがい・健康・仲間づくり」をミッションとしていたため，地域デビュー講座にも早くから着手し，定年退職後のシニアにさまざまな地域活動の道筋をつくってきた。現在，地域コミュニティを支える70代から80代の中には，生涯学習大学での学びを生かして現役で活動している人が多い。しかし，近年ではシニア世代になったからといって，生活の中心に地域活動を据える人は少ない。地域活動のイメージといえば，自治会や町内会といった義務的な出番や役割を想起する人が多く，

また，行政が提供するプログラムも，地域人材としての囲い込みを目的としていることが透けて見えるため，敬遠される傾向にある。

そこで，行政が「なってほしい市民像」を押し付ける内容を刷新すべく，2019年度からミドルエイジへと対象を変更し，従来の地域デビュー講座を大幅にリニューアルした。また，この世代の多様なライフスタイルに鑑み，仕事以外の興味・関心に着目した「藤沢ライフスタイル講座」と，"地域"で自分らしく働くことに着目した「地域活動講座」の二本柱で事業を展開している。

(1) 藤沢ライフスタイル講座

「藤沢ライフスタイル講座」は，定年を前に会社での立ち位置が変わり仕事に割く時間が減ったり，子育てがひと段落して家事・育児にかける時間が少なくなったりと，日常が大きく変化する局面にあるミドルエイジが，日に日に増える「自分と向き合う時間」をどう過ごすかということに主眼を置いて，講座を組み立てている（表7-1）。

企画するうえで，強く意識している点が2つある。

1点目は，講師に同世代の実践者を起用することである。自分事に引き付けて考える近道は，「自分にもできるかもしれない」という自信や安心感を抱くことである。机上論でなく経験値に基づいた話ができ，かつ，時代の波に積極的に乗って，前向きに人生を手繰り寄せている人材を発掘し，起用するようにしている。

2点目は，行政らしくない仕掛けである。「行政が実施する事業はカタイ」というイメージを払拭するべく，誰でも気軽に申し込めるような企画・運営を心掛けている。実践例を挙げると，会場を会議室ではなくカフェにして，お酒を片手に受講できるようにしたり，講師からの一方的な講話となるような講義形式の割合を少なくして，気軽に語り合えるようグループワークの時間を多めにとったりと，民間では当たり前のように行われている手法を取り入れ，「こんなことを役所がやるのならば，行ってみようかな」と感じてもらえるよう工夫し，意外性も集客のための手段としている。

表7-1 藤沢ライフスタイル講座一覧

年度	事業名		内容	講師
2019年度	人生100年時代の2回目の歩き方〜50代からのシフトチェンジ		定年後が楽しみになる準備を始めよう	・東京新聞編集局次長 清水孝幸氏 ・ファイナンシャルプランナー 秋山友美氏 ・(一社)ソーシャルコーディネートかながわ 佐藤正則氏 ・ヘアサロン THE SMILE COMPANY オーナー 横濱晃治氏
			定年後のお金と暮らしを考える	
			"オジサン研究家"が教える「スーツを脱いで男磨き」	
2020年度	外向き	50代からの働き方改革〜かるく，ゆるく，自分らしく(Zoom開催)	定年後のお金と働き方を考える	・(特非)湘南スタイル まちのキャリアラボ・リーダー 中村容氏 ・ファイナンシャルプランナー 秋山友美氏 ・(特非)セカンドワーク協会 理事長 四條邦夫氏
			定年につながる自分らしい一歩とは？	
			地域で複業を考えてみよう！	
	内向き	昭和ヒーロー再探訪〜目指せ！諦めない50代(Zoom開催)	解剖！憧れの昭和のバーチャルヒーローたち	雑誌「昭和40年男」編集長 北村明広氏
			追究！魂を呼び起こす昭和のリアルヒーローたち	
2021年度	外向き	50代，小さく試すならイマ！〜10年後の「豊かな自分」への助走	ムリしない助走のために「自分らしさ」を確認しよう	・(特非)湘南スタイル まちのキャリアラボ・リーダー 中村容氏 ・ライフワーカー(保育士&間借り珈琲店経営) 郡恵美氏 ・(特非)セカンドワーク協会 理事長 四條邦夫氏 ・横浜市六角橋地域ケアプラザ 地域活動交流コーディネーター 原島隆行氏
			人生後半の生き方は，ゴールを決めずにコースを描こう	
			「試しにやってみようかな」を探して，実践に一歩踏み出そう	
	内向き	50代，イマこそ「還暦上等」を叫ぶ！〜昭和から元気をもらおう！	コンテンツ編〜夢中にさせられたあれこれのヒットに潜む謎	雑誌「昭和40年男」編集長 北村明広氏
			モノ編〜次々と生まれた魅惑のモノたちに込められた情熱	
			FUJISAWA ワイガヤ会議〜ワタシの昭和をシェアしよう	

　新たなスタートをきった初年度は，まずはミドルエイジのニーズを過去の事業のアンケート等により調査し，共通の関心事としてよく取り上げられる「生きがい」「お金」「居場所」の3つをテーマとした。こちらの思惑が当たり，定員を超える応募があり，地域との親和性が低いと言われる男性が多く参加する結果となった。

　3つのテーマで1回ずつ行う3回連続講座としたが，1回だけの参加も可能としたところ，連続参加よりも単発参加のほうが多く，同じ年代でもいろいろな

タイプがあることに気づかされた。生きがいとお金がリンクしている人，趣味を生きがいとする人，地域で仲間づくりをしたい人等，求めるテーマはさまざまで，ミドルエイジを一括りにすることは難しく，それぞれのニーズに応えるには，講座を細分化する必要性を感じた。

そのため，2020年度からは，外向き（地域や社会）ベクトル Ver. と内向き（趣味・興味）ベクトル Ver. の2つに分けて行うこととした。

① 外向きベクトル Ver.

外向きベクトル Ver. は，生きがいを地域や社会に求める気持ちが明確にあり，何かを地域で行いたいと考える人を対象とし，自分がこれからできること・やりたいことは何かを考え，未来を具現化するきっかけづくりを目的に据えている。

市民が自発的に学ぶことにつながるよう，「地域課題の解決」という直截的な表現は用いず，重くではなく軽く，義務ではなく任意，といった気軽なイメージにつながるニュアンスを前面に出すようにしている。例えば，講座名については，2020年度は「かるく，ゆるく，自分らしく」，2021年度は「小さく試すならイマ！」といったように，なるべくキャッチーなフレーズを用いるようにした。

また，ミドルエイジが置かれている世の中の状況や，この世代特有のライフスタイルを取り上げ，参加者同士で共有できる話題（パラレルキャリア，定年準備，マネープラン等）をテーマとし，話し合いから共感を生み出す場面を多くつくり出すよう努めている。

講師には，地域のNPO法人で活躍している方を起用し，自身の体験に基づく知見の提供はもちろん，ファシリテーターとして，参加者に寄り添った対話の場をコーディネートしていただいている。また，講師以外にも多様な生き方をしているロールモデルに参画していただき，内容に厚みを持たせるよう工夫している。

② 内向きベクトル Ver.

内向きベクトル Ver. は，世代に共通する趣味や興味を結節点として，地域

内の同世代で集まることから始め，顔見知りを地域につくることを目的に据えている。外向きベクトルVer.が未来に対するビジョンを明確に求めている人を想定しているのに対し，内向きベクトルVer.は，ビジョンが未だ漠然としている段階の人向けに事業を企画している。

　ミドルエイジは共通体験が多い世代であることから，共有できるモノ・コトは非常に多い。そうした特性に着目し，共感性の高いトピック（昭和ヒーロー，昭和コンテンツ・モノ）を設定し，楽しみながら受講できるよう工夫した。

　講師には，ミドルエイジをターゲティングしているエンターテインメント雑誌「昭和40年男」の編集長を起用した。「昭和40年男」のコンセプトである，「ノスタルジックな想い出が呼ぶ共感」を「明日を生きる活力」に変えることを講座のテーマとすることで，昔を懐かしむだけでなく，今をどう生きるか，ということに思いを馳せる機会を創出している。

(2) 地域活動講座〜湘南らしい働きかたデザイン

　「地域活動講座」は，ミドルエイジが勤労世代であることを踏まえ，今の時代に合った働きかたと地域とを結びつけることを目的として講座を企画している（表7-2）。

　テレワークやリモートワーク，パラレルワークが増える中，普段とは異なる空間・環境で仕事を行うことで，自律的に働くことをめざす「ワーケーション」という考え方が数年前から提唱され始め，コロナ禍も相まって注目を集めている。そのような中，湘南地区の複数のコワーキングスペースで，ワーケーションを推進するための一般社団法人Workation Networkを立ち上げるという話を伺う機会があった。湘南地区は江の島をはじめとしたリゾート地を擁し，遠くに行かなくても，地元で非日常を感じることができる。同法人によれば，そうした地域特性に着目し，地域で働くことを「ワーケーション」という概念から考え，地域主体でワークライフスタイルを描き，つくりだしていく動きの拡充をめざすとのことだった。

　藤沢は海をはじめとした自然の豊かさ，そしてそこに流れる空気の中，自分

表 7-2　地域活動講座一覧

年度	事業名	内容	講師
2019年度	湘南らしい働きかたデザイン	・講義「湘南らしい働きかたデザイン」 ・ワークショップ「自分の働きかたチェックと理想像の実現方法」	
		地域をフィールドとした働きかた体験	
		・ゲストトーク「湘南らしい働きかたの事例」 ・ワークショップ「自分の目指す働きかた，アクションプランの検討」	
2020年度	湘南らしい働きかたデザイン 〜 Season2 （Zoom 開催）	湘南らしい働きかたについて知る・考える（ゲストトーク・事例紹介等）	（一社）Workation Network 清水謙氏 三浦悠介氏
		理想のワークライフスタイルを作り出すツール（アプリケーション，ウェブサービス，デバイス）を知る	
		自分なりのワークスタイルデザイン発表＆宣言	
2021年度	湘南らしい働きかたデザイン 〜 Season3 （一部 Zoom 開催）	ワークスタイルの現在とこれからを知る	
		湘南らしい働きかたについて考える	
		さまざまな働きかたの事例を知る	
		これからの自分の働きかたを宣言する	

らしく生きたいという思いを持つ人に選ばれるまちである。そうした背景があるため，ワークライフバランスの意識が高い人が多く，仕事重視で生きてきたミドルエイジ層，中でも都心からの移住者などは，「ライフ」を充実させようとする傾向が強い。

　今までの働きかたを振り返り，自分らしい働きかたを地域でデザインする切り口が，ミドルエイジには今後ますます必要になると考え，前述の一般社団法人と協働し，地域での新たなワークライフスタイルを提案することとした。

　初年度はワーケーションを体感することを軸に，フィールドとなる実地に足を運んでいただき，副題にもある「湘南らしい」を肌で感じることができる場面を組み込んだ。2020年度は，コロナ禍によりオンラインでの実施となったこ

ともあり，より一層進んだテレワークやリモートワークといったオンラインでの働きかたに着目し，コミュニケーションをいかにデジタルツールで充足させるかをテーマとした。2021年度は前年度（オンライン）と前々年度（対面）のそれぞれのメリットを生かしたハイブリッド型で実施し，どう働くか（How）だけでなく，その働きかたは誰にどのような価値を提供するか（What）をグループワークで他者と共有し，理想の働きかたを考えた。

　人生100年時代となり，セカンドライフという言葉はあいまいなものとなっている。これから迎えるマルチステージ型の人生は，「働き続ける」ことがデフォルトとなる。「働くこと×地域」から導き出される解を，さまざまな可能性に紐づけていくことが必要となる。

4.　事業の成果──ミドルエイジ事業から見えてきたこと──

　社会教育事業のうち，成人を対象とする場合，地域課題の解決を事業の根幹に据えて企画することが多い。しかし，多様なニーズに応えなければとか，より多くの方に参加してほしい，といったさまざまな行政側の意図が入り込むことで，目的がぼやけてしまうことが往々にしてある。ミドルエイジに対象を絞る「ピンポイント型」事業を今回行ったことで，従来の「オールラウンド型」事業の課題を直視する機会となり，3つのコンセプトを見出すことができた。

　1点目は「楽しむ」という視点である。地域にコミットすることと学びを掛け合わせると義務的イメージが付きまとい，「楽しむ」ことから遠ざかる内容に陥りがちとなる。そのためミドルエイジ事業は，ファーストアタックとなる参加者募集の際の広報の文言を工夫することに加え，現場では見知らぬ参加者同士が打ち解けられるよう，アイスブレークや講座終了後の交流会等，コミュニケーションを図る機会を多く設けた。

　2点目は「待つ」姿勢である。限られた時間の中で学びを提供するにあたり，行政側はあれもこれも伝えたいがゆえに，内容を詰め込みすぎるきらいがある。成人を対象としていても，「教える」というペダゴジー・モデルに則った事業

形態になりがちである。しかし，ミドルエイジ事業では講師と参加者との「相互責任」というアンドラゴジー・モデルとなるよう意識し，その結果，参加者は自分なりに咀嚼し考えるという行動につながった[2]。

　自分事として理解できる状態になるまで行政は「待つ」。「待つ」という余白が，学びを深めるプロセスに必要であることに気づかされた。

　3点目は「リーダーづくりからフォロワーづくりへ」である。住民自治を再生するために，行政は地域人材の育成を喫緊の課題としている。今回人材を確保するために，やむを得ずミドルエイジ層へと範囲を広げた経緯があることは否めない。とはいえ，この世代には「地域の表舞台には立ちたくない」という意識を持つ人が多い。そこで，地域のリーダーでなくフォロワーになってもらうという，既定路線から少し外した形の人材育成に挑んでいる。西之坊穂は，受動的に捉えられてきたフォロワーが，積極的に行動することが求められる社会になり，フォロワーの自発的行動によって組織の成果が得られると説いている[3]。

　知識や経験が積み上がり，シニアにも若者にも寄り添えるバランス感覚を有するミドルエイジは，リーダーではなくフォロワーとしてこそ適任であると考える。少数のリーダーが引っ張る社会から，多くのフォロワーが支える社会となることで，新たな世代間交流の萌芽がみられることを期待している。

　これら3つは，行政が陥りやすい問題をクリアするのに貴重な示唆となると考える。

5.　おわりに──ミドルエイジ事業のこれから──

　現代のミドルエイジは，年功序列や終身雇用といった日本型の勤務形態で定年を迎える最後の世代である。この世代に対して行った「藤沢市版地域アプローチ事業」は，社会教育事業の視座を変えることにつながり，新たな地域コミットへの足掛かりとなっている。しかし，まだ端緒についたばかりで，手放しで見守ることは難しい。地域に「目を向ける」段階から一歩進めるために，

今後取り組むべき課題を2点にまとめてみたい。

第一に,「目を向ける」次の段階としては,地域に「興味を持ち知ろうとする」行動へと促すことが肝要だと感じている。松下圭一は,市民文化活動はもはや行政から自立してひろく開かれているため,行政による「指導・援助」は不要であると1980年代に説いている。40年近く経った今,地域を知るためのツールはインターネットの普及に伴い格段に進化しているものの,地域へとアクセスする人が増えたかというと,答えは否である。現在の社会教育行政に求められている機能は,「支援・協働」なのである。さまざまなテーマに対して各人が深掘りしていけるよう,行政は市民が興味を持つことを根気強く待ち,知りたいことに対して丁寧に情報を示す。そして,興味の輪郭が見えてきてからはじめてつながりづくりのフェーズに持っていく。今までは「つながりづくり」ありきで地域活動へと誘導しがちであったが,つながりたいという気持ちなくしては,つながりは生まれない。

第二に,講座運営の手法についても,コロナ禍の経験から大きく学ぶ点があった。感染症防止対策のため,対面で行う予定だったものをオンラインに切り替えざるを得ないことが度々あった。リアルで顔を合わせて言葉を交わしあうことの重要さを改めて実感したものの,学びへのアクセスに対する身軽さ・気軽さを考えると,オンラインという手法は非常にメリットがあることに新たに気づかされた。また,LINEやFacebookグループ等のSNSを仲間づくりに活用したが,こうした弱い紐帯は,ゆるいつながりを好む今の時代に非常にマッチしていることがわかった。つながりが多様化していくことを考えると,リアルとバーチャルを融合させたハイブリッド型の学びにも,今後積極的に着手していくことが,社会教育事業の発展につながる。

ミドルエイジの持つ可能性を発掘する作業は,既存の社会教育事業の硬直性と対峙する機会となった。「当たり前からの脱却」を心掛けながらさらなるチャレンジを重ね,ミドルエイジが地域にソフトランディングできるような土壌づくりに努めていきたい。

注

1) リンダ・グラットン，アンドリュー・スコット著，池村千秋監訳『LIFE SHIFT』東洋経済新報社，2016年，p.224。

2) マルカム・ノールズ著，堀薫・三輪建二監訳『成人教育の現代的実践——ペダゴジーからアンドラゴジーへ』鳳書房，2002年，pp.46-47。

3) 西之坊穂『日本の組織におけるフォロワーシップ——フォロワーはリーダーと組織にどう影響を与えるのか』晃洋書房，2021年，p.116, 155。

4) 松下圭一『社会教育の終焉』筑摩書房，1986年，p.188, 194。

NPO法人クッキープロジェクト ～まぜこぜ交流による学び～

NPO法人クッキープロジェクトは，障害者の手作りクッキーの商品開発に取り組んでいる。クッキーは，主に福祉作業所でつくられていて，市役所や福祉バザーなどで売られている。「福祉だから買ってあげなくちゃ」と応援の気持ちで買う人も少なくないが，その一方で，会社員や学生など障害者と接点がない人は出会わない商品でもある。「売り方・作り方が変われば，もっと多様な人に届けられるのでは？」と考えたのが活動の始まりだ。

>> 対話を通じて商品力アップ

まず，パティシエやデザイナーを講師に招いて，商品力向上のための連続講座を開いた。講座のタイトルには，福祉的な言葉を使わず，「私たち（市民）だからできるPR塾」と名づけた。その結果，広報スキルをみがきたい会社員やNPOなど，福祉関係者以外の人も集まった。

講座では参加者どうしの対話の時間も大事にして進めた。クッキーを食べながら「これはおいしいね」「ザクザクした食感が魅力だね」と話したり，実際にパッケージをデザインしてみるなどした。

多様な属性の人たちによる対話を通じて，互いを知り合うきっかけになることが，このPR塾の魅力だ。例えば，「かわいい型抜きクッキーはどうやったらつくれるか」と話す中で，障害者は不器用な人が多くて型抜きが難しいこと，そもそもの生産力が低いことなど，障害者の働く現状が見えてくる。

>> 売り場はボランティアで運営

講座を通じて味も見た目も改良された商品は，販売会「クッキーバザール」でお披露目する。クッキーは飛ぶように売れ，初回（2008年）は40万円のクッキーが2日間で完売した。翌年以降は毎年100万円を売り上げ，障害者の働きがいにつながっている。

バザールの売り場づくりも，ボランティアの参画を募り，障害者と健常者の「まぜこぜ」で運営している。ボランティアの打ち合わせ会では，障害のある人の苦手なことを聴きながら，どうやったらみんなで売り場がつくれるかを話し合う。例えば，休憩時間の長さが人によってばらつきがちとの課題を話し合う中で，知的障害者の施設では普段から「タイマーをもって休憩をしている」との声があり，バザール会場でも実践してみたりした。障害者にわかりやすい工夫は，誰もがわかりやすくなる。居あわせた人とどうやって一緒にやるかを大切に，売り場を切り盛りするのが，「まぜこぜ」の醍醐味だ。

>> マーブル模様のようにまざりあう

活動10年目の2017年には，おいしくなったクッキーがいつでも買える常設店「おかし屋マーブル」を埼玉県立小児医療センター内にオープンさせた。店名には，いろんな人が「マーブル」模様のようにまざりあう社会をつくっていきたいという願いを込めた。現在は，埼玉県内40施設の手作りクッキーやパン，雑貨などを販売している。おいしいクッキーは患児とその家族を励まし，また買うことで作業所が励まされるという好循環を生み出している。

「まぜこぜ」はアイデアの化学反応を起こすおもしろさもあるが，時には理解しあえず気持ちがうずまいてしまうこともある。そういった対話も，長い目で見れば，参加した人自身の生き方に少しずつ気づきを生む。その積み重ねが共生社会をつくるチカラになると信じて，これからも「まぜこぜ」を実践していきたい。

若尾明子 NPO法人クッキープロジェクト代表理事。1974年生まれ。日本女子大学家政学部卒業後，通信会社勤務の後に，NPOへ転職。2007年にクッキープロジェクトを立ち上げた。

障害者の生涯学習を支える「小さな共生実践」

≫1. なぜ「障害者の生涯学習」なのか

　2017年より文部科学省において，障害者の生涯学習の推進施策が本格的に開始された。この背景には，「生涯学習の確保」（第24条）が謳われた「障害者の権利に関する条約」に2014年，日本政府が批准した経過がある。障害児の学校教育施策に取り組んできた文部科学省が，遅まきながら青年期以降の障害者の生涯学習施策にまでたどり着いたといえる。

　これまで多くの地域の社会教育実践で，障害者の参加は広がってこなかった。それは，私たちの社会が障害者と非障害者の生きる世界を分断する構造のまま存続してきたからではなかったか。障害者施策では，理念としての「共生社会」が謳われる。学校教育にもインクルージョンが求められる一方，特別支援学校の入学希望は年々増加する現実がある。また，昔に比べ障害者雇用は進展してきたが，多くの障害者は勤め先や福祉施設，家庭といった狭い社会関係に閉じられた生活世界を生きている。その結果，非障害者と障害者が日常の生活圏で出会い，ともにする機会は未だ少ない。こうした矛盾を問うことができるはずの社会教育実践も例外ではない。いつの間にか非障害者の参加が前提にされた諸実践は，障害者の参加の障壁を高めてきたのである。

≫2. 共に学ぶ社会教育実践の価値

　この分断社会において，障害者に向きあってきた社会教育実践もある。その一つが首都圏や関西圏など一部地域で開設されてきた障害者青年学級である。社会教育行政による主催事業だけでなく，特別支援学校やボランティア団体が実施しているものなど，その形態はさまざまであるが，1960年代に当時の養護学校の教師たちが，主に知的障害のある卒業生のアフターケアとして始めたことが発端になっている。はじめは障害者の身近にいる教師や親たちが，学校卒業後の学びや交流の場を支えていくが，次第にそれが社会教育行政の責務として実施されるべき取り組みであることが認識され，一部地域では公民館等の主催事業に位置づき，障害者と非障害者がともに学ぶ社会教育実践が創り出されてきた。

≫3. 障害者と非障害者の世界を「媒介」する学び

　東京都国立市公民館の「しょうがいしゃ青年教室」では，18歳以上の障害者「メンバー」とともに，高校生・大学生や20~30歳代の若者達がボランティアの「スタッフ」として参加する。この活動には公民館内に併設される「喫茶わいがや」での喫茶実習が含まれ，メンバーが喫茶店活動の一部を担うとともに，障害の有無に関わらず日常的に交流できる居場所の機能がある。こうした「小さな共生実践」において異質な者同士が親密な仲間関係を醸成していく過程では，それぞれの差異から摩擦や葛藤が生まれ，さまざまなトラブルも起きる。生じるトラブルには障害者の生活上の矛盾が表出されることが多く，問題の解決は容易ではない。問題に向き合う中でともに悩み，時に痛みや怒りを分有しながら対話的・再帰的な学びを積み重ね，地域の中で共生の道筋を探ることになる。

　田中雅文は，自己形成と社会形成の循環的発展を促進するボランティア活動を通じた〈再帰型学習〉をモデル化した（田中雅文『ボランティア活動とおとなの学び』学文社，2011年）。これに学ぶことで，「小さな共生実践」においてともに学ぶ当事者（ボランティア）が自己の世界観やアイデンティティを更新し，障害者と非障害者の世界を「媒介」していく学びが展望できるだろう。

井口啓太郎　国立市公民館社会教育主事。「しょうがいしゃ青年教室」等の事業担当を務める。2018～2021年度の間，文部科学省に出向し，障害者の生涯学習政策に携わる。

点から線，そして面へ環境学習を広げるNPO活動

私は2004年に，仲間とともにNPO法人センスオブアース・市民による自然共生パンゲアを立ち上げた。主に，環境教育をミッションとする団体である。

出発は，学校のビオトープづくりであった。

≫ いじめ・不登校・学級崩壊・暴力の増加

1995年～2001年の頃，私は子どもたちの中の，いじめ・不登校・学級崩壊・暴力の増加等に対し，これまでの知育に偏りがちな教育方法や考え方に限界を感じていた。そのため，私はカウンセリング手法を取り入れた教育相談研究に没頭していた。

1992年のリオサミット後，翌1993年制定の環境基本法で，日本で初めて自然生態系を守る視点が示された。

世界的な地球環境の問題の上に度重なる青少年の事件，とくに1997年の神戸サカキバラ事件を見て，教育界はこの事態に解決方法をもっていないことを痛感した。

学校長であった私は，子どもの心の荒廃と自然の荒廃は地殻の深いところでつながっていると考えるに至った。そこで，この2つを結ぶものとして，命と命のつながりを感じる環境学習を広げることを決意し，地域の自然を手本にビオトープづくりに着手した。

≫ ビオトープ造成を支えた力と環境学習プログラム

学校ビオトープづくりの起爆剤となってくれたのは，保護者有志の「遊ぼう会」のメンバーであった。PTAとは別の組織で機動力がある。「水ロケット飛ばし」「学校でキャンプ」を組織して大成功させていた。ビオトープづくりの話をすると，大賛成してくれた。保護者達は，仕事が終わると学校へかけつけ，子どもの力では難しい土木工事などを土曜日も返上して支えた。完成したビオトープにやってくるトンボ・チョウ・鳥たち，カエルの産卵に感動したのは，子ども・教師とともに保護者達であった。

ビオトープの自然によって，感動・愛着・地球環境再生への希望・学びの意欲を教師・子ども・保護者・地域にもたらした。

≫ 教師による豊かな環境学習プログラムの開発

子ども達は，教師とともに，環境学習プログラムを各学年で実践した。生きものを主人公にしたお話づくり，生きものをモチーフにした創作踊り，生きものが住む家づくり，トンボ図鑑を作ろう，ビオトープの歌づくり，俳句・ヨモギ団子づくりなどである。

2001年，第2回全国学校ビオトープ・コンクールに参加。日本生態系協会会長賞を受賞した。東京都教育委員会から，ビオトープを活用した総合的な学習の取り組みにおける全校職員の協力が評価され，学校職員賞を授与された。

≫ NPO法人センスオブアースの環境学習が点から線へそして面へ

2004年の立ち上げ以来，一つの学校という点からNPO法人センスオブアースが生まれ，地域へ出て，各学校・幼保・愛キッズ・児童館・地域センターへ線として広がり，さらに区域の面へ広がろうとしている。この間，楽しい自然分野，風・水・太陽を核としたエネルギー分野，持続できる循環型の暮らし方分野等の楽しいプログラムを積み上げてきた。乳児1～2歳から，成人対象まで，50種類程ある。

2015年には，地球温暖化防止活動環境大臣表彰を受けた。SDGs達成，2050脱炭素社会の実現をめざし，環境学習の普及と青年層を支援する，地元密着型のユース環境活動発表会実施へ向け，取り組みを進めている。環境学習の情報発信のニュースは毎月発行し，2022年12月で189号となった。

寺田　茂　1971年～2003年東京都公立小学校勤務。2004年NPO法人センスオブアース・市民による自然共生パンゲア代表。2011年エコポリス板橋環境活動大賞，2015年地球温暖化防止活動環境大臣表彰受賞。

自然・家族・仲間を愛しいと思う心を育む「遊心」の物語

≫ 都会で学ぶ環境教育

私が初めて「環境」や「自然」を意識したのは，1992年にブラジルで開催された地球サミット（環境と開発に関する国際会議）である。下町で生まれ育った私にとって，自然はあまり身近なものではなく，このサミットで気候変動や森林伐採などの地球環境課題を知る。同時に環境教育のネイチャーゲーム（Sharing Nature with Children）に出会い，保全活動以上に，この地球の美しい自然や生命を次世代に伝えることが自分の使命であると感じられた。

その後，自身の子育てを機に故郷「東京・下町」に意識が向かう。子どもと散歩にでかける公園，街路樹，近所の家の植木鉢で草花が揺れ，虫を観察する。子どもは夢中になってそれらに触れ笑顔になった。その様子をみて私は「遊心」を設立するが，当時は都会の小さな自然での乳幼児期の自然体験など意味がないと，否定的な意見も多かった。

遊心では「ヒトは自然の一部である」というスタンスをもっている。自然は人間の思い通りにはならない。だからこそ私たちの感覚と感性を研ぎ澄まし，好奇心を満たしてくれる。さまざまな表情を見せる刺激ある世界が自然であり，私たちは自然からたくさんの学びを得ている。緑豊かな大自然も，都市の整備された公園や散歩道も同じ「自然」であり，私たちの日常生活すべてにつながっている。

2010年，誰もが自然遊びの一歩を踏み出せるようにと，都市公園での自然遊び活動をスタートさせた。日常の中で自然や生き物を面白く不思議に感じ，慈しむ気持ちが生まれたら，強制ではなく自らの力で地球環境について考え行動する子どもたちが育つかもしれない，そんな思いでいっぱいだった。

≫ 3.11，コロナ，そして家庭教育から地域相互学習まで

遊心では乳幼児期からの自然遊びを大人とともに行う。身近な大人である家族が子どもを観察し，日常に自然を取り入れることで子育ての醍醐味を味わう。子どもも自分の感性や思いを大人に受け止めてもらい，その喜びを膨らませる。共に育ちあうことでお互いを「愛しいと思う心」が育まれる。自然に対しても同様に，生活の中で自然を慈しむ，生き物を愛しいと思う心が，地球環境への思いを巡らせることになると私は考える。

この10年，地球環境は自然災害だけでなく急激な変化の渦の中にいる。私は親子の自然体験活動・家庭教育を超えて，多様化した社会で子どもも大人も自ら思考し行動変容するために，自然体験と対話を組み合わせた相互学習の場が必要と考えている。これからの遊心は，複雑な社会・自然環境の中で，ひとりひとりが夢中になって自然から学ぶ遊心寺子屋，循環再生型農法での生命の循環と自らの生きる「根っこ」を育てるROOTschool，身近な自然での心身の「余白」と「夢中」を体感し健康になる遊心ウェルネス，地域の多様な場面の間にたち，場を創造し相互学習の場を創り出す空間を作り出していく。

≫ 遊心のゆるぎない思い

遊心は，「日常での身近な自然体験・相互学習を通して，ひとりひとりが『しなやかに自律』し，価値観をもち行動変容する人を育て，地球全体の持続可能な平和と安寧に寄与する」ことをめざしている。自然とともに生き，多様で複雑な自然から学び，地域の人や物の結び目をつくり学び合うことは，誰もができることと信じ，私は失敗をも楽しみながら，ゆっくりと歩みを進めていくつもりだ。

峯岸由美子 一般社団法人遊心代表理事。2010年設立。身近な自然を通じ，それぞれがしなやかに自律するための体験・対話や協働を促す活動を行う。

第3部

子育て支援をめぐって

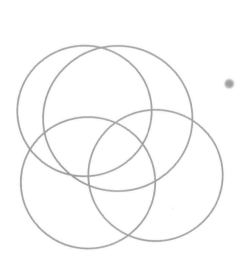

第8章 有償ボランティア活動における 有償性の意義

ファミリー・サポート・センター事業を事例として

井出 (田村) 志穂

1. はじめに

本章では子育て支援事業の有償ボランティア活動であるファミリー・サポート・センター事業を事例に，有償ボランティアとして活動している提供会員の意識に着目し，有償性がボランティアの意識にどのような影響を及ぼすのかを明らかにすることを通して，ボランティア活動における有償性の意義を探る。

有償ボランティアの意識に関する先行研究では，ボランティアの参加動機，ボランティア活動を通した意識の変化について述べられている。そこで明らかになっていることは，有償ボランティア活動に参加する動機として「育児の援助がしたい」「困っている人の手助けがしたい」など，他者や地域・社会のために活動しようとする社会貢献の意識が，高い割合を占めているということである[1]。さらに，有償ボランティア活動を通した意識の変化については，ボランティア自身の自己有用感や地域への関心が以前よりも高まることが報告されている[2]。しかし，有償性がどのようにボランティアの意識に影響を及ぼすのかという過程は，十分に分析されてこなかったといえる。

そこで，本章ではこれまで筆者が調査研究してきた成果をもとに，有償性がボランティアの意識に及ぼす影響に着目し，ボランティア活動に対する有償性の意義を探ることとする。

2. ファミリー・サポート・センター事業の概要

　ファミリー・サポート・センター事業（以下，本事業と呼ぶ）は，子育て中の家庭を対象とした地域における子育ての相互援助活動である。働く女性の増加，核家族化，地域のつながりの希薄化といった社会的背景により本事業が創設された。近年の社会変化によって，従来の施設保育等では応じきれないような変動的・変則的で多様な子育ての援助が求められるようになった。本事業は多様なニーズに対応できる保育サービスの充実をめざし，営まれている。時代を経るごとに，本事業は少しずつ形を変えて実施されている。発足当初は「仕事と育児両立支援特別援助事業」として，働きながら子育てをしている人を援助するための事業として創設された。しかし，現在は正式名称を「子育て援助活動支援事業（ファミリー・サポート・センター事業）」として，子育てをしているすべての家庭を援助対象とし，子ども・子育て支援新制度の「地域子ども子育て支援事業」の一つに位置づけられている。

　本事業の運営は自治体が直接行うほかに，当該自治体が社会福祉法人や非営利団体に運営を委託する形態も見られるようになってきた。本事業の運営については，各自治体に裁量を任せられているため，実施は地域によって異なるものの，その仕組みは共通しており，以下の通りである。

　子育てを援助して欲しい人（以下，利用会員）と，子育てを援助したい人（以下，提供会員）が会員登録をし，地域のファミリー・サポート・センターのコーディネーターを介して，提供会員が有償ボランティアとして援助活動を行う。なお，両方の活動を行う人は「両方会員」として登録する。活動報酬の受け渡しは，利用会員から提供会員へ直接行われており，金額は1時間500円〜800円程度である。援助活動の内容は，提供会員宅等での子どもの一時預かりや学校・保育所・習い事への送迎などがある。

3. 有償性がボランティアの意識に及ぼす影響

　筆者は提供会員を対象としたインタビュー調査を二回実施し，それぞれの調査結果をもとに，2つの論文を執筆している。本章はそれらのインタビュー結果をもとに論じる。ただしインタビュー調査結果を再分析するものではなく，拙稿において調査結果から導き出した知見を再整理して加筆修正し，新たな仮説モデルを提示するものである。

　2017年から2018年にかけて行った調査結果をもとに執筆した論文では，有償ボランティアの意識が活動を通して変化する過程を「子育て支援における有償ボランティアの意識の仮説モデル」として提示した。2019年から2020年に行った調査結果をもとにした論文[4]では，有償性によるボランティアの意識の変化について述べている。本章ではこれらの知見を統合し，ボランティア活動に対する有償性がボランティアの意識に及ぼす影響をより精緻化された仮設モデルとして提示することによって，ボランティア活動における有償性の意義を検討したい。

(1)「ボランティアの意識と活動」の循環を強化

　調査の結果から，有償性はボランティアの内発的意識を後押しすることによって，活動に参加するきっかけとなっていることが明らかになった。[5] ボランティアは活動に参加する以前から，自身の思いや目的といった内発的意識を持っている。調査結果から明らかになった内発的意識は，「子どもが好き」「自分の経験を活かしたい」「柔軟に活動したい」「保育技術の向上」「社会貢献の意識」「有償を前提とした意識」といったものであった。社会貢献の意識とは，他者や地域，社会のために活動する意識を指す。

　ここでは有償性がきっかけとなって行動に移し，活動の参加につながっている様子が見られた。例えばボランティア活動の参加につながる内発的意識を持っていながら，行動に移していなかった人が有償性に後押しされて参加しているケースも複数見られた。つまり，主体的に自ら進んで活動するというボラ

ンティアの自発性の意識を，有償性が高めているといえる。そのようにして活動に参加したボランティアは，援助活動を通して自身の内発的意識を再確認し，より明瞭に意識するようになる。

　もともとボランティアが持っていた内発的意識の他にも，活動を通して新たに生じる意識もある。それは活動を繰り返すなかで，被援助者との関係からボランティア自身に生じる，責任感，自己有用感，社会とのつながりといった意識である。活動を始める前には，それらの意識がボランティア自身の内発的意識としては薄かったとしても，活動を通して内発的意識として定着していく。ボランティア自身の内発的意識となった意識は，有償性によって後押しされて，また次の活動に取り組む自発性を高めるといった「ボランティアの意識と活動の循環」がみられた。

　つまり，有償性は2つの点でボランティアの意識に作用していた。ひとつは，有償性がボランティアの内発的意識を後押しすることによって，ボランティアの自発性を高める点である。2つめは，有償性は活動を通してより明瞭になった内発的意識を再び後押して，次の活動への自発性へとつなげるといった，ボランティアの意識と活動の循環を強化する役割を担っている点である。

(2) 社会貢献の意識の高まり

　ボランティアは「意識と活動の循環」の流れにのって活動を重ねるなかで，被援助者との関係が生まれ，そこから責任感，自己有用感，社会とのつながりといった意識が芽生えることを述べた。これらの意識は，有償性によっても高められている。[6] それぞれの意識がどのように有償性によって高められているかについては，以下に述べる。

　ひとつめに，責任感である。有償性によって，ボランティアは「滅多なことでは休めない」といった被援助者との約束を守る責任感や，「お金をもらっているからには，しっかりしなければ」と，活動中の安全配慮に細かく気を配るといった意識を持つことになる。このように，ボランティアの責任感は有償性によって高められていた。

2つめに，自己有用感である。有償性はボランティアに「自分は他者の役に立っている」という実感を抱かせる要因であることが確認できた。有償ボランティアとしても無償ボランティアとしても活動しているボランティアの語りによれば，「お役に立てた」とより実感できるのは，有償ボランティアとして活動している時であるという。ボランティアがそうした自己有用感をより強く感じる理由は，被援助者から「お金をいただく」という点にあった。「自分がしたことに対するちょっとした金額をもらえるのはうれしい」と語る有償ボランティアがいたことから考えると，ボランティアは有償性を他者からの評価としてとらえていると推察できる。つまり，活動の報酬を受け取ることは他者からの評価を得ることとなり，そのことがボランティアの自己有用感を高めているといえる。

　3つめに，社会とのつながりの意識である。ボランティアが有償性を他者からの評価としてとらえているとするならば，有償性はボランティア自身と他者（社会）をつなげるものとして機能しているといえるだろう。「有償であることによって，社会とのつながりを感じる」と語るボランティアがいたことも，有償性が社会とのつながりの意識を高めていることを裏づけている。

　このように，責任感を持って，誰かのために役立っていることを実感し，社会とのつながりを感じながら活動していることは，「他者や地域・社会のために活動しようとする」意識を生じさせる要因となり，社会貢献の意識を持って活動することにつながっているといえる。社会貢献の意識の要因となるこれらの意識が，有償性の影響を受けながら高められているということは，有償性によって社会貢献の意識が高まっているといえよう。

　このように，有償性によって高められた責任感は社会貢献の意識につながる。さらに活動を通してボランティアと被援助者に信頼関係が生まれると，ボランティアは「お役に立てれば」という他者のために活動する意識がより強まる。その意識は「絶対に裏切れない」といった責任感の高まりにつながっていく。このことから，ボランティア活動の有償性は，ひいては社会貢献の意識と責任感の相乗効果を高めることにつながっているといえる。

(3)「ボランティアの意識と活動の循環」によるボランティア活動の
   場の広がり

　有償性がボランティアの内発的意識を後押しして自発性を促進し，活動を通して内発的意識が定着化するというサイクルを繰り返す「ボランティアの意識と活動の循環」の流れにのってボランティア活動を行うなかで，社会貢献の意識が内発的意識として定着すると，有償性に後押しされずとも活動に向かう自発性につながるケースもある。つまり，有償ボランティア活動を通して，有償性を前提としない自発性が芽生え，ボランティア自身がボランティア活動をする場を広げることにつながるのである。[7] ここでは有償ボランティアの活動経験から，他の社会貢献活動や無償ボランティア活動への参加につながったＡさんの事例をあげる。

　Ａさんはファミリー・サポート・センター事業の活動で障害のあるお子さんの援助活動をしていた。この経験から，今の社会は障害のある人にとって障壁が多いことに気づいて「ガラッと世界が変わりました」とＡさんは語っている。これをきっかけに，障害のある人が生きやすい社会にしていこうと考えたＡさんは，無償ボランティア活動や社会貢献活動に参加するようになった。それは，次のような経緯によってもたらされたものである。Ａさんは活動依頼を引き受けるかどうかの判断材料として有償性をとらえていた。このことから，有償性がＡさんの活動参入を後押ししていたといえる。つまり，ボランティアの自発性が有償性によって後押しされていた状態から，活動を通して「障害のある人の生活しやすい社会をつくるために」という社会貢献の意識が強まり，有償性を前提としない自発性が生まれた。そのことがＡさんの無償ボランティア活動への参加につながったといえる。そのことが，有償性によって強化された「ボランティアの意識と活動の循環」から，有償性を前提としない活動への自発性につながり，無償ボランティア活動などにも及ぶ，ボランティアの活動の場の広がりが見えた。

⑷ 顧客志向の意識の芽生え

　ボランティアは，有償性によって活動を全うするという責任感が高まるだけでなく，報酬を受け取るからには被援助者からの要望に可能な限り応えたいという「顧客志向」の意識ももつようになる[8]。

　例えば，活動参入時には「自分の手が空いている時間にちょっと預かる」という意識であったボランティアでも，実際に活動し始めて報酬を受け取るようになると，被援助者の希望をしっかり叶えてあげたいという意識に変化するというケースがみられた。つまり，有償性の影響によって，ボランティアが被援助者との関係を「サービス提供者と顧客」としてとらえ直すこととなり，活動においては被援助者のさまざまなニーズに対して積極的に応えようとする意識が引き起こされているといえる。このことから，ボランティア活動における有償性は，ボランティアに顧客志向の意識を芽生えさせるといえる。

　さらに，報酬の金額もボランティアの意識に影響を与えていることが明らかになった。それは，あるボランティアが「もっと高い報酬金額だと，プレッシャーになる」と語っていることから推察できる。ボランティア自身が報酬金額を高額であるととらえた場合には，顧客志向の意識はより高まり，被援助者のすべての要望に応えなければならないというプレッシャーを感じ，活動の継続を難しくする可能性がある。

4. ボランティア活動に対する有償性の意義

　本章では，ファミリー・サポート・センター事業を事例として，ボランティア活動の有償性がボランティアの意識に及ぼす影響を検討してきた。その結果，ボランティア活動における有償性の意義は，以下の4つの点に集約することができた。ひとつは，有償性は「ボランティアの意識と活動の循環」を強化する役割を担うことによって，常に自発性を高めていることである。2つめは，有償性がボランティアの責任感，自己有用感，社会とのつながりの意識を高めることによって，社会貢献の意識を高めていることである。3つめは，ボラン

ティアの意識と活動の循環によって，ボランティアの自発性が高められ，ボランティアの活動の場を広げていることである。4つめは，有償性によってボランティアの「顧客志向の意識」，つまり被援助者のニーズに積極的に応えようとする意識が芽生えることである。

　これらの知見を踏まえて，有償ボランティアの活動を通した意識変容を表現した「子育て支援における有償ボランティアの意識の仮説モデル[9]」を示すと，図8-1のとおりである。図中のa〜lは矢印を指す記号である。下記の【　】内は，図中の記号・語句と対応している。

　図8-1の仮説モデルでは，有償性がボランティアの意識に及ぼす影響を表している。ボランティアは自身の内発的意識が有償性に後押しされることによって【a】，活動への自発性の意識が高まり【自発性①】，活動に参加する【b】。参加した活動を通して，内発的意識が再確認されたり，新たな意識（責任感，自己有用感，社会とのつながり，顧客志向）が芽生えたり，内発的意識として定着したりするようになる【c】。定着した内発的意識は有償性に後押しされて

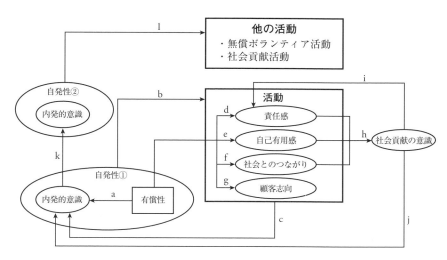

図8-1　子育て支援におけるボランティア活動の有償性がボランティアの意識に及ぼす影響
出所：井出（田村）（2019, p.104）をもとに井出（田村）（2022）の知見を統合させて作成した

【a】，ボランティアの活動への自発性を高め【自発性①】，次の活動の参加につながっていく【b】。このように，ボランティアの意識とボランティア活動が循環的に作用する「意識と活動の循環」は，有償性によってその流れを常に強化されている。

　ボランティア活動の経験のなかで，活動に対する責任感【d】，自分は誰かの役に立っていると感じる自己有用感【e】，自分と社会はつながっているという社会とのつながりの意識【f】，被援助者のニーズに応えようとする顧客志向の意識【g】が，有償性によって高められる。有償性によって高まった責任感，自己有用感，社会とのつながりの意識は，自分以外の誰かのためになる活動をしたいといった社会貢献の意識を高めることにつながる【h】。「ボランティアの意識と活動の循環」を繰り返すなかで醸成された社会貢献の意識は，活動に対する責任感を高めたり【i】，内発的意識として定着していく【j】。

　このように有償性によって高められ，「ボランティアの意識と活動の循環」の流れに乗って内発的意識として定着したさまざまな意識【c】【j】は，有償性に後押しされずとも【k】，無償ボランティア活動や社会貢献活動に向かう自発性へとつながり【自発性②】，ボランティアの活動の場は広がっていく【l】。

　仮説モデルに表されているように，有償性は，人々がボランティア活動に参加するきっかけとなり，活動の継続性を保ち，活動を経て新たなボランティア活動に向かう人々を輩出していく。このことからボランティア活動に対する有償性は，ボランティア活動を広げていくための要因であるといえるのではないだろうか。今後は本章で提示した仮説を検証し，引き続き有償性の意味を検討していきたい。

注
1) 東根ちよ「ファミリー・サポート・センター事業を支える会員の意識──『有償ボランティア』活動の意義と課題」『生協総研賞・第11回助成事業研究論文集』2015年，pp.21-45。
2) 岡本かおり「相互援助型子育て支援参加者の意識変化に関する研究──ファミリー・サポート・センターにおける活動を通して」『応用教育心理学研究』第28

　巻第1号，2011年，pp.43-55。

3）井出（田村）志穂「子育て支援における有償ボランティアの意識──ファミリー・
　サポート・センター事業を事例として」『日本学習社会学会年報』第15号，2019
　年，pp.99-107。

4）井出（田村）志穂「ボランティア活動の有償性がボランティアの意識に及ぼす影
　響──子育て支援活動を事例として」『日本女子大学大学院人間社会研究科紀要』
　第28号，2022年，pp.1-11。

5）井出（田村），前掲書，2019年。

6）井出（田村），前掲書，2022年，井出（田村），前掲書，2019年。

7）同上。

8）井出（田村），前掲書，2022年。

9）井出（田村），前掲書，2019年で構築したモデルを加筆修正したものである。

第9章　子育て期における母親の学び合いの効果

実践コミュニティとソーシャル・キャピタルの視点から

中村 (足利) 志保

1. はじめに

　近代化が進むにつれて，人々は血縁関係や地縁組織から緩やかに解き放たれ，その反面でアイデンティティや人間関係など，自己にかかわる社会的な関係を自ら構築していく課題を負うようになった。ギデンズは，このような繋がりから解き放たれた不確実性の高い社会に照らし合わせて，自己を再組織していく現代を「再帰的近代」と呼んでいる[1]。

　このような現代の特徴について，ベックは以下のように述べている[2]。かつて，アイデンティティは階級や世襲によって与えられるものであり，他律的に決められるものであった。しかし，再帰的近代においては，個人自身が生活世界における社会的なものの再生産の単位になり，すべての責任が個人に帰するようになった (＝個人化)。このような社会がもたらすリスクそのものが，直接的に個人に到達するという意味で，現代社会を「リスク社会」と呼ぶことができる。ここでいう，社会がもたらすリスクとは，人々の生活領域における不安定就労形態や，福祉社会の揺らぎによる社会保障のリスク，経済的なリスクのことである。自然災害や伝染病といったリスクに限らない，「社会的なリスク」が「個人化」によってブーメランのように個人の生活に跳ね返ってくるのである。

　バウマンも同様のことを次のように指摘している[3]。この「リスク社会」を乗り越えるためには，自らの資質や能力が重要である。さらに，個人の資質や能力には差があるため，「個人化」の現代においては，意識的に団結や集団行動を生み出して，「数の力」によってそのような不平等を是正しなければなら

ない。

　現代を生きる母親は，まさに上記のような再帰的近代の中でリスクを抱えながら自己と向き合っている[4]。とくに子育てに従事するということは，出産以前の生活とは全く異なったレベルや意識，環境で自己を新たに構築していくことに他ならない[5]。

　子育ての場面において，Baumanの指摘するように，「個人化」によるリスクを「数の力」によって是正しようとするとき，母親自身が新たな組織や集団とつながりを持つことが重要である。自分の生活圏内に，共通の価値観や規範意識を持ち，継続的に帰属することが可能となるようなつながりや環境を築くことによって，個人化によるリスクを回避できるからである。

　そこで本章では，母親同士のつながりやそのための環境づくりへの手がかりとして，地域住民向けに開催される講座およびそれによって生まれる地域活動を事例に取り上げ，実践コミュニティ論とソーシャル・キャピタル（社会関係資本）論の視点からこれらの効果を考察する。

2. 2つの理論を踏まえて

(1) 実践コミュニティ

　ある集団について，その内部ネットワークの持続性や，メンバー間の関係について論じるとき，実践コミュニティの概念が適用できる。

　ウェンガーは，実践コミュニティについて「あるテーマに関する問題や関心，熱意などを共有し，それらは非公式に結びついた人々の集まりによって構成される」集団であると述べている[6]。実践コミュニティは，学習者が継続的に参加することによって，関係が常に更新される動的なものである。つまり，最初は周辺的に参加していた学習者が，他者との関わりや経験，役割の達成を経て徐々に集団の中心的な立場へと参加の度合いを深めていく。このプロセスの初期段階を正統的周辺参加という[7]。このような集団での流動性によって，参加者の学習は組織され，それを通してアイデンティティが構築される。学習によっ

て得られる知識やアイデンティティは，そこに関わる他の学習者とのやり取り
の中で「社会的に」獲得していくものである。それは，一方的に伝達される知
識と異なり，決して強固なものではなく，実践を伴うからこそ流動的に変容し
ていく性質を持っている。

(2) ソーシャル・キャピタル論

　アメリカの政治学者パットナムによると，ソーシャル・キャピタルは「社会
的信頼，互酬性の規範，市民的積極参加のネットワークといった組織の諸資源」
から成り，ソーシャル・キャピタルが豊かであるほど人々の自発的な協調行動
を生み，社会の効率性を高めるという[8]。ソーシャル・キャピタルは，そのネッ
トワークの特性によって，質的にいくつかのタイプに分類される。パットナム
は，ソーシャル・キャピタルを「結束型」(bonding) と「橋渡し型（接合型とも
呼ばれる）」(bridging) とに区別している。結束型は集団内部での強い絆や共通
の価値観にその特徴があり，内部指向的な性質を持っていると考えられる。そ
のために，結束性があまりにも強固に働くと，集団内部に固執してしまうよう
な閉鎖性や，異なる集団や価値観を拒むような排他性を生む可能性がある。一
方で橋渡し型は結束型の強いつながりに比べると弱いつながりだが，異質なも
の同士を結びつけるような横断的な性質を持っている[9]。

　さらに，ソーシャル・キャピタルには，もう一つのタイプとして「連結型」
(linking) と呼ばれるものがあり，権力や富，社会的地位の異なる個人や団体間
の，社会的階層をこえた垂直的な結びつきをもたらす[10]。これは，地位や権力な
どが異なる人々から成る階統的組織内でのネットワークだという意味で，「階
統的結束型」とも表現される[11]。つまり，社会的地位や権力の弱い立場のものが，
力や権力をもつ組織にアクセスできるような，組織間のネットワークに基づく
ソーシャル・キャピタルである。

3. 自治体による学習事業「子どもと絵本ボランティア講座」

(1) 事業の概要

　東京都三鷹市では2006年度より「子どもと絵本プロジェクト」という施策を掲げ，これにかかわる事業を推進してきた。「子どもと絵本ボランティア講座」は，この施策の一環として行われている。

　「子どもと絵本プロジェクト」は，社会環境や生活様式が大きく変化する中で，子どもたちの生育環境が多くの困難にさらされているという現状認識から，すべての子どもたちが家族や地域の人々との触れ合いとコミュニケーションを深め，確かな手触りのある喜びや驚きを体験しながら成長することをめざして進められてきた[12]。このプロジェクトでは，重点事業として，①子どもと絵本をつなぐ活動の担い手の支援と育成，②ボランティア入門講座の開催，③ボランティアグループの育成と活動の場づくり，④市民活動団体の交流・連携の支援を掲げている。

　「子どもと絵本ボランティア講座」は，このプロジェクトの重点事業②と③にまたがる取り組みとして，子どもと絵本をつなぐ活動の担い手を育成することと，地域の人材ネットワークを充実させることを目的として開催されてきた。こうした目的のもと，住民協議会の協力により，市内各地域のコミュニティ・センターを会場に講座を開設し，地域での見学や実習といった実践的な内容を取り入れ，講座修了後には自主的な地域活動（自主グループの結成など）につながることを促進してきた。

　現在，このボランティア養成講座の修了生などで「みたか・子どもと絵本プロジェクト連絡会」が構成され，絵本を楽しむ読書会，スキルアップのための勉強会，保育つき講演会などが開催されている。いずれの活動も，「子どもたちが，地域のおとなたちとのふれあいやコミュニケーションの中で，生き生きと豊かに成長できるように協力し合う」というプロジェクトの考え方を共有しながら進められている[13]。

　「みたか・子どもと絵本プロジェクト連絡会」が主催する大きな活動として

は「三鷹まるごと絵本市」（2013年より）がある。三鷹市と市内で活動する絵本ボランティアとの協働によるイベントで，「絵本」というキーワードのもと，世代・立場を超えた新しいつながりや新しいエネルギーを創出し，地域コミュニティをさらに元気にしていこうという目的で，毎年開催されている。具体的には，三鷹市内の商店街を中心に，「絵本スポット」という，椅子一脚と絵本一冊を置いた小さなスペースで絵本を楽しめる場所を設けたり，絵本をテーマとしたイベント企画を数多く開催したりしている。イベント開催期間だけでなく，準備のプロセスを通して，市民と商店とが協力し，イベントを盛り上げ，その後の活動につなげていくことをめざしている。[14)]

(2) 事業に対する調査

　筆者は2014年度「子どもと絵本ボランティア講座（全9回）」（2014年5 ～ 10月開催，10人参加）に参加し，この講座を事例として①参与観察調査，②アンケート調査，③インタビュー調査を行った。

　このうち，①と②は，講座開催時に行った。アンケート調査については，主に自由記述の結果を分析した。③は，講座主催者と講座修了生を対象とした。後者については，地域で読み聞かせ活動を行っている5名を対象とし，講座受講前および修了後の活動実態を語ってもらった（講座修了後2016年7月までの間に実施。メールでの聞き取りを含む）。さらに，その後の経過を把握するため，上記5名のうち4名に対し，追加的なインタビュー調査を実施した。

4. 調査から分かったこと

(1) 講座への参加を通じた受講生の学び

　アンケート調査および参与観察調査からは，受講生同士が講座への参加を通じて，地域活動に関する知識と価値観を共有しているということが明らかとなった。具体的には，講座で得た知識を地域活動に活かそうとしている記述が多くみられた。このことから，講座での学習によって，読み聞かせに関する知

識だけではなく，読み聞かせボランティアの活動を通じた地域社会との関わり方，さらには活動を継続するためのスキルやノウハウを学んでいることが分かった。

　講座の学習には，絵本や読み聞かせ方法などの事例紹介のほか，講座参加から地域活動につなげるための情報提供や，行政からのサポートに関する内容も多く組まれていた。受講生の多くは講座修了後に地域における「読み聞かせボランティア」活動に参加することをめざしており，そのためのサポートが継続的にあるということで心強さを感じているということが分かった。とくに，毎回講座の後半で行われていたグループワークでは，学習者同士の話し合いも活発に行われ，情報共有の場になるとともに，互いの活動をサポートし合おうという共通認識が築かれていた。

(2) 修了後の活動〜学習を促進する〈共同活動〉

　インタビュー調査によれば，講座開講当初の目的でもあった「自主グループ」化はなかったものの，受講生のほとんどが修了後になんらかの地域活動（読み聞かせボランティア活動など）に参加しているということが分かった。受講生同士は，講座修了後もSNSやメールによる情報共有や相互相談，さまざまな事業を通して交流しており，つながりを維持しているという。[15]

　同時に，それぞれ活動の場や方法は異なっていても，個人の「つながり」によって形成された，緩やかなネットワークを維持していることが明らかとなった。受講生は，その緩やかなネットワークに支えられ，それぞれに地域活動を行っている。各自がそれぞれの場で活躍していながらも，相互の「つながり」に支えられていることから，そこには一種の共同性が成り立っているとみてよい。つまり，彼女らの活動は〈共同活動〉と表現することができ，そこには緩やかな紐帯で結ばれた〈集団〉が成り立っているのである。

　こうした〈共同活動〉におけるメンバー同士の関わりや，その基盤となっているネットワークといった社会的な連帯によって，メンバー同士およびメンバーと〈集団〉の間には，相互に影響を与え合い，変化をもたらすような関係

があり，活動を重ねることでその関係が成熟する。その関係を通して，豊かな学び合いが生まれ，知識・ノウハウや価値観の共有と創造が実現する。個人と〈集団〉のこのような関係は，ウェンガーが述べた実践コミュニティにおける学習促進機能に相当するといえる。実践コミュニティでは，学習とは参加そのものであり，そこで得られる知識は人とのやり取りのなかで社会的に構成されるものだからである。

(3) 正統的周辺参加から中心的な役割へ

ところで，「子どもと絵本ボランティア講座」に参加した修了生は，すべてではないものの，その多くが，地域の読み聞かせボランティア活動に参加している。そして，その活動を通して「みたか・子どもと絵本プロジェクト連絡会」との関わりを持ち，連絡会の一員となったり，連絡会から情報提供を受けたりしながら自らの活動を発展させたり，講座のコーディネーターとして事業に関わったりしている。

彼女らは，まず講座に参加することで基礎知識を得て，講座修了後の当初は先輩修了生の活動からいろいろ学びながら（正統的周辺参加），ボランティアとしての経験を積み，やがてはコーディネーター等の〈共同活動〉における中心的な役割を担うようになり，参加の度合いを深めているのである。また，中心的役割となった人が，それまでの活動で得た知識やノウハウを，ネットワークを介して〈集団〉に還元している。

以上，(2)(3)で述べてきたように，講座修了生は〈共同活動〉への取り組みを通して経験を積みながら中心的な役割を担うまでに成長し，蓄積した知識・ノウハウ・価値観を〈集団〉全体に還元する，という「学びの循環」のサイクルを実現しているのである。

(4) 〈共同活動〉によるソーシャル・キャピタルの蓄積

講座参加の当初は，専門的な知識の獲得や情報共有が主であり，そこでは同

質的で結束性の高い（bonding）ソーシャル・キャピタルが築かれているとみて
よい。しかし，講座修了後，地域活動を行うことによって他者や組織と関わり，
〈共同活動〉を深めることによって橋渡し性の高い（bridging）ソーシャル・キャ
ピタルが築かれ，それが，〈共同活動〉を支える緩やかなネットワークを生み
出している。

　このネットワークは〈集団〉の外部へも広がっていく。ここでいう外部とは，
読み聞かせ活動を必要としている団体や機関（幼稚園・学校，市民団体，青少年
団体等の地域団体）のことであり，それらとのつながりがあってこそ読み聞かせ
等の活動が成り立っている。ここにも緩やかなつながりがあり，〈集団〉と外
部との団体・機関の間には，橋渡し性の強い性質を持ったソーシャル・キャピ
タルの蓄積がうまれる。それは，〈共同活動〉を発展させるための豊かな資源
ともなっている。

　さらに，今回のケースでは，読み聞かせを通した地域活動を発展させるため
に，市全体で行っている「三鷹まるごと絵本市」への参加や絵本に関する情報
提供などの行政によるサポートがある。講座参加時から〈共同活動〉まで，行
政との関係が継続していることによって，そこに連結型（linking）のソーシャ
ル・キャピタルが蓄積されているといえる。

(5) 地域の教育力と〈共同活動〉との関係

　これまで考察してきたように，〈共同活動〉はこれに参加するボランティア
の知識・ノウハウの向上に寄与し，それが地域での読み聞かせ活動の質を向上
させる。つまり，〈共同活動〉で成り立つ〈集団〉自体が，地域で教育力を発
揮するというよりも，〈共同活動〉に参加する各人がそれぞれの教育力を向上
させ，地域での読み聞かせを通してその教育力を発揮しているといえる。今後
とも〈共同活動〉の継続によって，個人と〈集団〉，そして〈共同活動〉その
ものが絶えず成長し，成熟し，地域の教育力が高まっていくことが期待される。

5. おわりに

　今回の調査で明らかになったことをまとめると，以下の通りである。

　まず，講座での学び合いによって，参加者たちに読み聞かせの知識と，読み聞かせを通した地域活動に関する価値観の共有がなされている。次に講座の最終回には地域活動へのブラッシュアップがあり，講座修了後に地域活動につなげるための後押しがなされている。最後に講座修了後の地域活動では，当初は講座での知識共有がもとになっているが，活動を継続するに伴って，それぞれの活動が緩やかなネットワークでつながる〈共同活動〉となり，それを通して一つの〈集団〉が成り立つ。そこには「学びの循環」が生まれ，それによって新たな知識，ノウハウ，価値観の創造と共有が促され，ひいては質の高い教育力が地域社会に蓄積されている。

　上述したような，〈共同活動〉による〈集団〉は，活動を通した新たな知識・ノウハウや価値観の創造と共有を可能としているという意味で，学習促進機能をもった実践コミュニティだといえる。〈集団〉の内外には橋渡し型のソーシャル・キャピタルが蓄積されている。さらに，この地域活動が自治体のサポートによって発生し，発展しているというところに，連結型の性質を持ったソーシャル・キャピタルの蓄積を見て取ることができる。

　本章では，実践コミュニティとソーシャル・キャピタルの理論を用いて，ボランティア養成講座がどのようなメカニズムで個人と地域社会に対して効果をもたらすかを考察した。再帰的近代における個人化が進む現代において，これらの理論に内包される「つながり」の意味は，今後の地域活動を展望するうえで重要な示唆を与えている。今後も，このような視点から地域における学び合いの効果を追究していきたい。

注
1) Giddens, Anthony, *The Consequences of Modernity*, Polity Press, 1990.（松尾精文・小幡正敏訳『近代とはいかなる時代か』而立書房，1993 年）, Giddens,

Anthony, *Modernity and Self-Identity*, Polity Press, 1991.（秋吉美都・安藤太郎他訳『モダニティと自己アイデンティティ』ハーベスト社，2005 年）

2）Beck, Ulrich, *Risikogesellschaft*, Suhrkamp Verlag, 1986.（東廉・伊藤美登里訳『危険社会——新しい近代の道』法政大学出版局，1998 年）

3）Buman, Zygmunt, *Liquid Modernity*, Polity Press, 2000.（森田典正訳『リキッドモダニティ——液状化する社会』大月書店，2001 年）

4）柴田彩千子編著「子育て中の母親の学びに関する研究調査報告書」東京学芸大学生涯学習教室，2019 年，pp.114-117。

5）筆者もファシリテーターとして参加した 2018 年 12 月 10 日実施の「ママ tomo パパ tomo カレッジ東京学芸大学マナ mama100 人会議」でのワークショップでの母親の語りでは，それまでのキャリアと子育ての両立で悩み葛藤する，母親たちのリアルな姿が明らかになっている。

6）Wenger, E., McDermott, R. & Snyder, W. M., *Cultivating Communities of Practice*, Harvard Business Review Press, 2002.（櫻井祐子訳『コミュニティ・オブ・プラクティス』翔泳社，2002 年）

7）Lave, Jean & Wenger, Etienne, *Situated learning: Legitimate peripheral participation*, Cambridge Univercity Press, 1991.（佐伯胖訳『状況に埋め込まれた学習』産業図書，1993 年）

8）Putnam, Robert D., *Making Democracy Work*, Princeton University Press, 1993.（河田潤一訳『哲学する民主主義——伝統と改革の市民的構造』NTT 出版，2001 年）

9）Putnam, Robert D., "Bowling Alone", *Journal of Democracy*, 1995.（坂本治也・山内富美訳「ひとりでボーリングをする」『ソーシャル・キャピタル』東洋経済新報社，2004 年）

10）西出優子「日本 NPO 学会ニューズレター」日本 NPO 学会事務局，2006 年，pp.14-15。

11）辻中豊『公共政策学』ミネルヴァ書房，第 17 章，2003 年，pp.276-283。

12）三鷹市 HP『子どもと絵本プロジェクト事業方針』https://www.city.mitaka.lg.jp/c_service/012/012160.html（2021 年 12 月 28 日最終閲覧）

13）「みたか・子どもと絵本プロジェクト連絡会」には次の団体が参加している。新川中原地区：「おはなしぽっぽ」，三鷹駅前地区：「絵本にピンポン♪」，井口深大寺地区：「おはなしクレヨン」「おはなしキャラバン」，井の頭地区：「おはなしの会」，連雀地区：「おはなしころころ」「絵本やいろいろやる十輝」「おはなしのたね」，東部地区：「おはなしヨムヨム」「おはなしポラリス」

14）三鷹市 HP「三鷹まるごと絵本市」 https://mitaka-ehonichi.jimdofree.com（2022 年 8 月 16 日最終閲覧）

15）具体的には，講座受講生と主催者とのメーリングリストにより，読み聞かせや

三鷹市の絵本事業についての, 情報提供がある。また, 講座受講生とコーディネーターとで年に2回のコミセン祭りにおいて集まる機会があり, つながりを維持することに寄与していると考えられる。

16) 2013年から始まった三鷹市と市内で活動する絵本ボランティアとの共催イベント。「絵本」というキーワードのもと, 世代・立場を超えた新しいつながりや新しいエネルギーを創出し, 地域コミュニティをさらに元気にしていこうという目的のもと, 毎年開催されている。

第10章 保育つき講座の修了生における意識変容の学習
気づきに着目して

山澤和子

1. はじめに

　国分寺市には，開館順に本多公民館，恋ケ窪公民館，光公民館，もとまち公民館，並木公民館と5つの公民館（以下，五館と称す）がある。国分寺市の公民館保育つき主催事業は1971年にはじまり，2021年には，50周年をむかえた。その12月4日には，国分寺市立公民館保育室50周年記念事業「子どもを預けるということ」が，本多公民館で開催された。[1]

　主催事業の開催当時より国分寺市は，子育て中の親子に親しい仲間が必要であると考え，公民館保育つき主催事業の目的を，「公民館で地域の仲間と出会い，活動する中で，より深い関係を築くこと」と設定している[2]。そのような関係の中で，「固定観念にとらわれている女性の役割や生き方を見直し，女性も男性も生きやすい社会を目指す学習を行える」ことを理想としている[3]。

　国分寺市公民館では，1971年の本多公民館主催「教育講座（日本の教育はどうなるか）」が，初めての保育つき講座であった。その修了生を中心とする国分寺市の母親たちが，公民館に保育室の設置を求める活動を始め，1972年に821名の署名を集め，陳情書を市に提出して，設置されることとなった[4]。まず1974年，本多児童館内に保育室が設置され，公民館への設置は，1975年の光公民館の開館時にようやく実現した[5]。これが国分寺市の公民館におけるはじめての専用保育室であった。

　2007年から5館は，講座の名称を「幼い子のいる親のための教室」とし，引き続き保育つき講座を開講している[6]。講座回数は各館により異なるものの，

1年に16回以上開講されている。講座終了後は，自主グループとして活動を続けると保育室の利用が可能であるため，ほとんどの講座で自主グループが誕生し地域活動を続けている。

　保育つき講座は，母親たちに多くの気づきをもたらし，意識変容を促しているため，本章では，国分寺市内の5館の公民館で行われている，保育つき講座「幼い子のいる親のための教室」を受講し，修了後の自主グループ活動でさらに学ぶ母親に着目した。そして，意識変容の要である「気づき」を取り上げ，その類型化を通して，事業の目的である「地域における仲間づくりと活動」の学びの中で，どのような気づきが生まれたかを浮き彫りにし，保育つき講座の意義を検討する。

2. 意識変容理論と気づきの定義

　筆者は，意識変容が「気づき」に起因することを，すでに実証している[7]。つまり，自分自身の認識対象に関して何らかの「気づき」があり，それを契機に意識変容が生じるということである。次に，意識変容理論と気づきの定義を提示する。

(1) 意識変容理論

　意識変容に関する基礎理論としては，カナダの成人教育学者のパトリシア・クラントンの理論がある[8]。クラントンは，ブラジルの農民を抑圧から解放したフレイレの意識覚醒理論[9]の影響を受けたジャック・メジローに着目し，彼の意識変容の理論[10]を基に意識変容のプロセスをモデル化し，意識変容の学習の有用性を述べている。そして，意識変容の学習を「自己を批判的にふり返るプロセスであり，私たちの前提や価値観を問い直すプロセスである」とする。前提についてクラントンは，「大人の学習者がもつ確立された価値体系や信念，物事がどうなっていくのかについての確固とした期待や，世の中がどのように動いていくかについて基本的な前提がある」と述べ，さらに前提は，「学習者のニー

ズの土台となっているもの，私達の世界観の基礎をなすもの」としている。そして，「ふり返りのプロセスは前提がまさに問い直されているのに気づくことから始まる」と，意識変容のプロセスには「ふり返り」と「気づき」が重要な役割を果たすことを提示している。しかし，クラントンは気づきの分析までは行っていない。

なお，クラントンは，前提を批判的にふり返ることによる意識変容の学習の重要さを説いている[11]。一方，田中雅文は批判的ふり返りによらない意識変容過程の存在を示している[12]。本章では，クラントンとともに，田中の意識変容過程論も重要な視点ととらえ，気づきの抽出は両論の視点から行った。なお，クラントンが「混乱が生じるようなジレンマの中」で意識変容が生じると述べるのに対し，ドナルド・ショーンは，日常生活の中の行為における，ふり返りの重要性を述べており[13]，筆者の研究でも，「混乱の生じるジレンマの中」での変容に限らず「日常生活の中」でも意識変容は生じることが確認されている[14]。

(2) 気づきの定義

ジョン・スティーブンスによれば，気づきには３つの種類がある[15]。第一に，「外部世界への気づき」。これは，見る，聞く，嗅ぐなどにより，今，現に存在する物や，現に起こっている出来事との実際の感覚的接触である。第二に，「内部世界への気づき」。これは，接触により皮膚を通して人体に感じる，現在の自分の内部の出来事との実際の感覚的接触である。第一と第二は，体感的な気づきであるが，第三の気づきは「空想活動への気づきである」。これは，説明，想像，解釈，推測，思索，比較，将来の予想などで，現実に起こっている経験への気づきを超えたすべての精神活動を含むと定義している。本章では，前述のクラントンの論述とスティーブンスの定義を参考にした過去の研究をふまえ[16]，「学習者の感覚や体感，経験による新たな発見をもとに，前提を問い直すこと」を気づきと定義する。

以上のことから，本章では，クラントンの意識変容理論に加え，日常生活の

中のふり返りで生じる気づきに着目するとともに，批判的ふり返りによらない意識変容をも重視し，意識変容の契機としての気づきの類型分析を行うこととする。

　なお筆者は，いくつかの研究プロジェクトの中で女性の学習者による「気づき」の類型化を試みてきた[17]。その結果，「自己に関する気づき」「他者に関する気づき」「社会に関する気づき」という分類軸によって，気づきの多様性を把握できることが分かっている。

3. 調査の対象と方法

　国分寺市の保育つき講座「幼い子のいる親のための教室」の2003年度から2017年度までの修了生16名を対象にアンケート調査とインタビュー調査を行った[18]。期間は2018年11月〜2019年2月である。

4. 調査で表出した学習による「気づき」の内容分析と類型化

　前述の研究プロジェクトで見出した類型表に即して，今回の調査で抽出した気づきを配置すると，表10-1のとおりである。ただし，今回は「共感型」「他者感謝型」「社会感謝型」という新たな類型が見いだされた。表10-2では，表10-1の各項目の説明を行っている。

　表10-1の表頭は学習者の気づきの対象，表側は気づきが生じた学習の場（講座および自主グループ）によって分類したものである。学習の場による分類は，今回はじめて行った。

　「他者感謝型」と「社会感謝型」は，「感謝している，ありがたかった，嬉しかった」など感謝の気持ちを直接言葉で表した気づきで，両類型を合計すると17である。「共感型」は2であり，「共感した，気持ちがわかる」と言葉で表した気づきを取り上げた。なお，今回のフィールドの性格上，保育室や保育者に

関する気づきも多く，各欄の記号に下線を引き表した。

　表10-1が示すように，204という多様な気づきが見いだされた。表側と表頭の分類の組み合わせにより，理論上は96の類型がある。実際の調査からはこの半数弱にあたる40もの類型が見出された。この事業を通して，多様な気づきが生じていることがわかる。

5.　保育つき講座の目的に関する気づきの事例

　以前の研究プロジェクトで類型の事例を提示しているため[19]，本章では主に講座の目的である「地域の仲間づくりと活動」と「保育者，保育室の意義」に関する事例を例示する。アルファベットとカッコ内の数字は表10-1に対応している。なお，地域の仲間づくりと活動に関する気づきは「＊」，保育者と保育室に関する気づきは下線で示している（表10-1参照）。

(1) 地域の仲間づくりと活動に関する気づきの事例

　「地域における仲間づくり」という講座の目的に関しては，孤独ではなくなった，子育ては自分ひとりではできない，仲間との出会いがよかったなど，仲間として他の受講生を受け入れる気づきを10名が述べている（他者認識型B10, E2, F13, G12, I11, L4, O12, P6，自己認識型C6, 共有型N1）。

　公民館での講座が地域における仲間づくりのために有効だ，ということにも気づいている様子がわかる。例えばCさんは，「（C11社会感謝型）この講座があることを市報で知りました。講座の内容は，地域のことや子どものことで勉強になりました。この講座なら受講生同士深い話もでき感謝しています。地域に目を向けるようになり，誇りに思えるようになりました」と，地域の社会教育施設である公民館への感謝の気づきが生まれ，それが地域に対する誇りともなっているのである。

　自主グループでの活動に関して，Hさんは「（H12他者感謝型）グループの話し合いの中でメンバーに言われたことで，苦しくなるときもありましたが，彼

表 10-1　気づきの類型と数　　　　　　　　　　　　（気づきの合計数：204）

学習の場	類型		自己に関する気づき 79				他者に関する気づき 101						社会に関する気づき 24	
			自己認識 43	家族関係 13	経済的自立 2	社会関連 21	他者認識 54	家族認識 16	共有 12	共感 2	影響 3	他者感謝 14	社会認識 21	社会感謝 3
講座の気づき 101	意識レベル 94	+89	*C6, D4, E1, E4, F1, F2, F3, G1, G2, G3, G5, H4, K2, K7, K8, K9, L1, N3, O2, P1	B1, B3, I3, N4, O6	E3	C1, D1, P2	A2, *B10, C8, C17, D2, D5, D9, *E2, F4, *F13, G6, *G12, H1, H3, H5, I9, *I11, J5, J7, O1, *O12, *P6, Q2, Q3, Q4	I1, I2, J2, K1, K5, N2, O3, O7	A3, A10, D3, F6, G4, H2, J1, *N1, Q1	K3, K10	B2	C7, C13, F5, G7, I4, K11, K12, N5	A4, A11, C2, O5	A1, B4, *C11
		−5	K4, K6			J9	K19, P3							
	行動レベル 7	+6	J6, M1, O4				C3				C5		*A6	
		−1	M2											
自主グループの気づき 103	意識レベル 72	+70	A8, A12, C12, E5, H6, H17, J17, K17, M6, M7	B7, C10, H8, J20, K15, N6	Q12	D8, F7, F8, J3, J11, J12, J14, L3, N7, O10	B9, C9, C14, E6, E7, E8, H9, H13, H14, H19, J5, J13, J15, J16, J21, *L4, O9, P5, Q7, Q9	I7, I10, J18, M3, M4, Q10, Q11	J8, M5		D6	A9, C15, C16, *H12, H16, O11	B5, F10, H7, J4, K18, M8, *Q5	
		−2					D7						K13	
	行動レベル 31	+30	A5, I5, I8, J10, J19, H15, L2	B8, G10		B6, C4, G9, H10, H11, I6, O8	F9, G8, H18, K16, Q13	P4	F11				A7, E9, E10, F12, G11, *Q6, Q8	
		−1											K14	

注：表側の数字は気づきの数，アルファベットは，A〜Pさん16名，グループQ（注18参照）を表す。
　　各枡目内の数字は，修了生のインタビューと記述から抽出した気づきを，語られた順序で番号を
　　つけて示したもの。
　　＋は肯定的に評価する気づき，−は否定的に評価する気づき。下線は「保育室・保育者に関する
　　気づき」である。
　　＊は「地域の仲間づくりと活動に関する気づき」である。

表10-2 表頭と表側の説明

●表頭

気づきを「自己に関する気づき」,「他者に関する気づき」,「社会に関する気づき」の3類型に分類した。

*「自己に関する気づき」

　自分自身のふるまいや考え方に対して生じる気づきである。
- ・「自己認識型」は,自分自身のことを認め,知る気づきである。他者に対する態度の反省,自己責任を認める気づきや自己改革する気づきなど。
- ・「家族関係型」は,夫や子どもなど家族との関係の中で生じた自己への気づき。
- ・「経済的自立型」は,就職のための資格取得や,仕事をするなど経済力を持つための気づき。
- ・「社会関連型」は,社会との関連で生じる自分自身への気づき。

*「他者に関する気づき」

　他者の生き方や行動を知り,自分自身との相違も知る気づきである。
- ・「他者認識型」は,他者の生き方や行動を知り,自分自身との相違も知る気づき。
- ・「家族認識型」は,家族に対する新しい認識の気づき。
- ・「共有型」は,他者と自己がお互いに一つのものを共有しあう気づき。
- ・ 共感型 は,感情や心理的状態を対象者も同じように感じて同感したり,理解したりする気づきで,今回の調査で表出した気づき。
- ・「影響型」は,自分が他者へ,または他者が自分に影響を与えたことによる気づき。
- ・ 他者感謝型 は,他者に対する感謝の気づきで,今回の調査で表出した気づき。

*「社会に関する気づき」

　社会の状況や問題に対する気づきである。
- ・「社会認識型」は,社会問題や社会構造についての気づき。
- ・ 社会感謝型 は,社会状況や政策などに関して自分が関わる社会に対する感謝の気づき。

●表側

「講座における気づき」と「自主グループにおける気づき」に分類した。
- ・「意識レベルの気づき」は,意識は変わったが行動にまでは直接結びつかない気づき。
- ・「行動レベルの気づき」は,気づいた後意識レベルにとどまらず,行動レベルの変容にまで結びつく気づき。
- ・「プラス評価の気づき」は,自己・他者・社会との関係について,肯定的に評価する気づき。
- ・「マイナス評価の気づき」は,自己・他者・社会との関係について否定的に評価する気づき。

注：囲み線は今回の調査で新たに表出した3類型である。

女はこんなにも私に真剣に言ってくれていると感謝しました」「メンバー同士意見を尊重し合うという姿勢が根本にある」と述べ，感謝の気持ちを持ちあうという人間関係が構築されている。Ｈさんのグループ活動は2003年から続いており，この感謝の気づきが自主グループ継続の要因のひとつともいえよう。

　地域に関してＡさんは，「（社会認識型A6）地域に仲間ができてから，自分が地域のために何かしたいと思い，子どもと二人でいる母親が気になって声をかけ，困っている人がいたら助けてあげたいと思っています」と，行動レベルへ進む気づきも生じている。グループＱ（注18参照）のメンバーの一人は，「（社会認識型Q5）私は国分寺市出身ではないのですがこのメンバーがいるからこそ，国分寺市に長く住んで行きたい」と国分寺市が，地域で安心して住める環境づくりを行っていることに気づき，グループＱの他のメンバーからも住民自主講座を企画しようという行動レベルの気づき（社会認識型Q6）が生じている。

　これらの事例により，仲間づくりのみならず，地域活動も重視した講座の目的は達成されているといえよう。

(2) 保育者・保育室に関する気づきの事例

　保育者・保育室に関する気づきは，「（I4他者感謝型）連絡ノートがきめ細やかでありがたい」「（N5他者感謝型）子どものよそ行きの顔をおしえてくれ嬉しかった」などがある。Ｏさんは保育室について，「（O7家族認識型）子どもにとって保育室は自分を出せる場だった」と，保育室が子どもを預かってくれる場だけでなく，子どもの居場所であると認識する。

　保育者が，下の子が生まれ我慢している子に「我慢したから泣いていいよ」と温かい言葉をかけると，子どもは（ほっとし）泣いたという。Ｋさんは「（K10共感型）自分も皆さんも上の子に我慢させていて，そのお母さんの気持ちがわかりました」と，子どもの悩みや成長を分かち合える環境は良いものだと気づく。保育者の子どもへの対応が，母親たちの共感を呼び起こし，受講生の仲間づくりに役立った事例といえよう。

以上により，受講生にとって保育室，保育者の存在は，講座での学習に欠かせないものであり，それが地域での仲間づくりに大きな意義をもたらしていると考えられる。

6. おわりに

　本章で得られた，特筆すべき知見は2つある。第一に，これまでの筆者の研究（注7，注16）は，学習者のアイデンティティ形成支援のために，自己のふり返りを重視した内容の女性講座修了生を調査対象としたものであり，「自己に関する気づき」が多くを占めた。それに対し，今回は仲間づくりを目的とした保育つき講座であるため，他の受講生や保育者などへの「他者に関する気づき」が圧倒的に多い。101と気づきの約半数を占めており，その中でも講座や自主グループ活動において，他者の生き方や行動を知り，自分自身との相違を知る気づきである，「他者認識型」の気づきは54と多くあり，この事業の目的である「地域における仲間づくりと活動」が達成されているといえる。第二に，「共感型」「他者感謝型」「社会感謝型」の3種類の類型が新しく表出した理由は保育つき講座であるがためである。仲間に対する共感や保育者，国分寺市や公民館などの他者や社会に対する感謝の気づきであり，保育つき講座が有用であることを表わしている。

　今回は，16名という限定的な人数の対象者であったにもかかわらず，204という多くの気づきが確認できたことで，保育つき講座の意義が浮き彫りになった。50年間この講座や活動が継続している主な理由は，国分寺市が，子育て中の母親の意識変容のための気づきを促す学習機会を提供し，受講生の仲間づくりや地域貢献への可能性を広げていることである。保育室や保育者が講座や自主グループ活動に対しての重要な役割を担っていることが気づきの類型と数に表れている。

　保育つき講座「幼い子のいる親のための教室」は，母親の気づきを促し地域での仲間づくりや活動，地域理解への支援を果たしていることが確認できた。

今後は事例を増やして類型をさらに検討することが必要であると考える。

注

1) 保育室活動50周年記念事業実行委員会『国分寺市立公民館保育室活動50周年記念事業　子どもを預けるということ〜仲間とともに自分も子も育つ〜』2022年。

2) 南波素子「国分寺市立公民館保育付き主催事業」高井正・中村香編者『生涯学習支援のデザイン』玉川大学出版部, 2019年, p.12。

3) 国分寺市立本多公民館, 保育活動を考える会『保育室のあゆみ20』2004年, p.5。

4) 国分寺市立本多公民館, 恋ケ窪公民館, 光公民館, もとまち公民館, 並木公民館『国分寺市公民館保育室の20年』1992年, p.2。

5) 国分寺市立本多公民館, 恋ケ窪公民館, 光公民館, もとまち公民館, 並木公民館『国分寺市公民館保育室40周年記念事業　保育室40年のあゆみ』2011年, pp.52-54。

6) 「幼い子のいる親のための教室」は2007年の恋ヶ窪公民館から順に開講し2011年に並木公民館の開講により5館すべてで開講になった。保育活動50周年記念事業実行委員会『国分寺市立公民館保育活動50周年記念事業　子どもを預けるということ〜仲間とともに自分の子も育つ〜』2022年を参照。

7) 山澤和子『女性の学びと意識変容』学文社, 2015年, pp.129-251。

8) Cranton, P., *Working with Adult Learners*, Wall & Emerson, 1992, pp.145-152.

9) パウロ・フレイレ著, 柿沼秀雄訳, 大沼敏郎補論『自由のための文化行動』亜紀書房, 1984年

10) Mezirow, J.,"A Critical Theory of Adult Learning and Education", *Adult Education*, vol.32, No.1, 1981, pp.3-24.

11) パトリシア・A・クラントン著, 入江直子・豊田千代子・三輪建二訳『おとなの学びを拓く』鳳書房, 1999年, pp.203-210。

12) 田中雅文『ボランティア活動とおとなの学び――自己と社会の循環的発展』学文社, 2011年, pp.130-131。

13) ドナルド・A・ショーン著, 柳沢昌一・三輪建二訳『省察的実践とは何か』鳳書房, 2007年, pp.50-51。

14) 山澤和子, 前掲書, 2015年, p.221。

15) ジョン・O・スティーブンス著, 岡野嘉宏・多田徹佑・リード恵津訳『気づき――ゲシュタルト・セラピーの実習指導書』社会産業教育研究所出版部. 1982年, pp.7-9。

16) 山澤和子「子育て支援講座における意識変容の学び」『日本女子大学人間研究』第55号, 日本女子大学教育学科の会, 2019年, pp.37-48。

17) 山澤和子，前掲書，2015年，pp.184-200。

18) アンケート調査は16名で，調査時の年齢は，A：35歳，B：38歳，C：38歳，D：47歳，E：34歳，F：40歳，G：38歳，H：46歳，I：36歳，J：44歳，K：38歳，L：30歳，M：35歳，N：36歳，O：33歳，P：35歳。インタビュー調査は，個人インタビュー11名（A.B.C.D.E.F.G.H.I.J.K）とグループインタビューはL.M.N.O.Pの5名で行い，「グループQ」とした。5名がグループインタビュー調査になった理由は，「5名全員同じ考えであるためグループで行いたい」という修了生の希望によるものである。

19) 他の類型については，山澤，前掲書，2015年および山澤，前掲論文，2019年の調査を参照。

当事者視点で社会を変えたい～母親たちの挑戦～

≫ 孤立した子育て，喪失感からスタート

2000（平成12）年という節目の年に地域の子育て中の母親たちが，自分たちに必要な居場所として横浜市港北区の商店街に立ち上げたのが，「おやこの広場びーのびーの」である。商店街の空き店舗を活用してスタートしたが，大家さんから法人として契約をしてほしいと言われ，当時施行されたばかりだったNPO法人格を取得することになる。

私自身もそうだったが，横浜などの首都圏での子育ては，知り合いのいない土地でスタートする場合が多い。母親たちは，雇用機会均等法以降に正社員として就労したものの，出産と同時に専業主婦となる人が多い時代であった。調べてみると，横浜市港北区の2000（平成12）年当時の認可保育所の数は16園（公立10，私立6）だが，2020（令和2）年は108園（公立5，私立103）となり，世の中が大きく変わったことを実感している。さて，2000（平成12）年当時，子どもを育てるのはもっぱら母親の役割という状況のなかにあって，もやもやした気持ちが沸き上がる。パートナーが出勤したあと，地域に残っているのはお年寄りと子育て家庭ばかり，なにか取り残されたような喪失感もあった。

≫ 走りだせば，ワクワクが止まらない

しかしラッキーだったのは，保健所（現在は福祉保健センター）が募集した通信の編集にボランティアで関わったことや，生涯学習課が主催していた母親学級等の企画運営に関わったことであった。そこで同じような母親たちとの出会いがあり，取材を通じて地域を知り，子育て当事者の悩みは，多くの子育て家庭の悩みでもあることを知った。今もそうであるように，悩んでいる人はその悩みを言語化することが難しい。多くの人がなんとなく悩みながら，通り過ぎていくことが多いのも事実である。でも，通信づくりという媒体を持った私たちは俄然，その課題の発見や共有ということに目覚めた感があった。そのメンバーの何人かで，子育て親子の居場所がほしいと考えるまで，そう時間がかからなかったと思う。母親だけが子育てするのではなく，みんなで支え合いながら子育てをする，支えられる側からいつかは支える側にまわる，そんな互助，共助の子育て。親自身が主体的に関わり，学び，発信する面白さにワクワクが止まらない感覚。走りだせば，多くの方が応援してくれるようになっていた。子どもたちも父親たちも巻き込まれるように，看板を手づくりし，チラシを配布するなど，大学祭のようなスタートであった。

≫ 公的活動が増えたが，まなざしは今も「当事者の視点で社会を変えたい」

今は，このおやこの広場にも公的補助が入り，新たに行政からの委託事業なども手掛け，ボランティアスタッフが雇用される職員となった。しかし，そのまなざしは変わらず「当事者の視点で社会を変えたい」である。20周年を迎えた年は，まさに新型コロナウイルス感染症のただ中であったが，だからこそ里帰りできず，実家の親の支援も難しくなった出産前後の家庭のために「産前産後ヘルパー派遣事業」を手掛け，妊娠期からの切れ目ない支援をさらに強化している。

本日は成人式。スタッフが商店街を通る着物姿の新成人に「素敵ですね」と声を掛けたところ，「ありがとうございます。実は，小さい頃こちらでお世話になりました」と返ってきた。出会った人の数だけ物語があり，地域の中で紡ぎ出され続けている。

奥山千鶴子　認定NPO法人びーのびーの理事長，NPO法人子育てひろば全国連絡協議会理事長，内閣府子ども・子育て会議委員等，まだまだ挑戦は続く。

川崎都民から川崎市民へ～子どもたちが会社人間を変えた～

≫ 待っていました，80歳！

　令和4年3月に傘寿を迎えた。人生引き際だね，と言う人もいるが，私はむしろ「待っていました，80歳！」という心境である。働き盛りの40代から地域活動を通して付き合ってきた同世代の仲間が居るからだ。お陰で，定年退職を機に職場から地域へ心地よくソフトランディングできた。居場所は，私の属する「おやじの会・いたか」と，市内5区でそれぞれ活動するおやじの会6団体のネットワーク，川崎おやじ連である。

≫ 昭和の昔遊び・手作り工作

　おやじの会は普段，それぞれ地域のニーズに見合った活動をしているが，年に2回，川崎おやじ連としてのイベントを行う。昔遊びや手作り工作をする「遊びの広場」を開催。毎回，子どもたちおよそ200人と40歳前後の保護者の皆さん約100人が参加してくれる。

　おやじたちは，コマ回しやメンコ，ベーゴマのほか，新聞紙で飛行機やタコを作って飛ばしたり，竹ポックリでポコポコ歩いたりする昭和の遊びを子どもたちと楽しむ。40歳前後の親御さんたちも，自分の子ども時代にはなかった遊びなので，面白がってやる。

　こうして，シニアおやじたちは，平成の子どもが自分たちを必要としてくれていることにやり甲斐・達成感を得てご機嫌。世代を超えた新たな地縁の誕生である。

　こうした地域活動へとサラリーマンおやじたちを誘う発端となったのが，40年前に川崎市教育委員会が仕掛けた「父親家庭教育学級」である。

≫ 父親家庭教育学級に参加

　高度経済成長期に川崎に移り住んだものの，早朝に家を出て東京の職場で働き，残業の後は居酒屋に立ち寄り，家には寝に帰るだけの仕事一辺倒の日常を送っていた男たち。家庭や地域は眼中になかった。当時，このような会社人間を巷では"川崎都民"と称した。

　こうした会社人間をして地域ライフ構築へと向かわしめる一大転機となったのが「父親家庭教育学級」への参加であった。とはいえ，連れ合いの「子育てや地域にも目を向けて！」という強い外圧に屈しての重い足取りであった。高度成長の余韻冷めやらぬ1982年秋のことである。

　40歳の私は隔週土曜の夜，近くの子ども文化センターに通い，10回の講座を受けた。第1回の参加者自己紹介で主催者は「今日は父親としての参加なので，会社・仕事のことは言わないで」と。私をはじめおやじたちは名前を言ったきり，他に話すことが無かった。地域という新しい日常の出現に面食らった。

　「地域の教育力と父親の役割」などの講義を聴き，仕事は大事だが同時に家庭人であり，市民・住民であり，子どもたちにとっては地域のおじさんであるという，マルチチャンネルで生きることの意味合いを教えられた。

≫ 内閣府の「社会参加章」を受章

　学級修了後，おやじの会を立ち上げ，我が子の父親から地域のオヤジへと立ち位置を変え，活動を始めた。企業戦士の地域化である。

　やがて，市内の他区でも父親家庭教育学級が開かれ，修了生がおやじの会を結成して活動を始めた。そのつながりから1994年に川崎おやじ連が発足し，今日に至っている。

　令和2年に川崎おやじ連は，内閣府から「長寿社会における高齢者の社会参加活動の模範」として社会参加章を受章した。私は，子どもたちからのプレゼントだと思っている。

大下勝巳　おやじの会「いたか」（1983年発足）世話人。川崎おやじ連世話人。健康生きがいづくりアドバイザー。多世代交流を目的に地域の子ども達と昔遊びや手作り工作で交流。

第4部
おとなの学びが未来をひらく

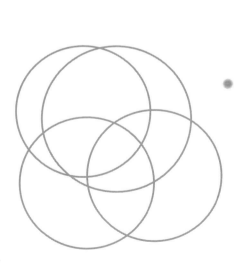
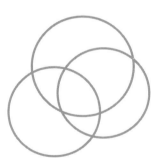

第11章 市民の学びあうコミュニティを地域で育成する

倉持伸江

1. はじめに

　環境，福祉，国際化，少子高齢化，災害など地域にはさまざまな課題が山積し，行政サービスのみでの対応は難しくなってきている。中央教育審議会は，「人口減少や，コミュニティの衰退を受けて，住民参画による地域づくりがこれまで以上に求められる中，社会教育を基盤とした人づくり・つながりづくり・地域づくりの重要性は」ますます大きくなっていると指摘している。[1] 個人の成長と地域社会の発展の双方に重要な意義と役割を持つ社会教育の要と位置づけられているのが，学びの場を通じた住民相互のつながりである。

　日本社会教育学会は，「多様な格差を是正し，知識基盤社会に生きる力を培っていくためには，生涯にわたる質の高い学習の機会をすべての人々に保障すること，すなわち〈学びあうコミュニティ〉を地域において広範に実現させ，その発展をネットワークで支えていくシステムが必要となる」とし，社会教育の役割と展望を〈学びあうコミュニティ〉という観点から示している。[2]「地域に〈学びあうコミュニティ〉を広範に実現し，さらにそれらを相互にネットワークすることによって，地域全体を〈学びあうコミュニティ〉として創出するという学習過程の展開を推進することを通して，地域の人々が主体的に進める社会教育実践をコーディネート」するのが，社会教育関係職員や地域の教育・自治・文化・福祉に関わる専門職，指定管理者やNPOの職員，ボランティア団体のコーディネーターである。[3]

　住民たちの主体的な学びあい活動をコーディネートする役割の必要性と期待は，2020年から社会教育主事講習や社会教育主事養成課程の修了者に社会教育

士の称号が付与されるように規定が改正になったことにも表れている。社会教育士には、「学習成果を活かし、NPOや企業等の多様な主体と連携・協働し、社会教育施設における活動のみならず、環境や福祉、まちづくり等の社会の多様な分野における学習活動の支援を通じて、人づくりや地域づくりに携わる役割が期待され[4]」ている。

　学びあいの支援者には、一人ひとりの学習プロセスの支援とともに、自主的な学習グループ・サークルなど、〈学びあうコミュニティ〉の展開のプロセスを理解し、支援するコーディネートが今後ますます求められる。そこで本章では、〈学びあうコミュニティ〉のコーディネートのために必要な考え方や視点を得ることを目的に、実践コミュニティ論の理念を整理し、事例をもとに読み解いていきたい。

2. 実践コミュニティ論

(1) 成長し変化する実践コミュニティを育成する

　E.ウェンガーらは、実践コミュニティ（community of practice）を「あるテーマに関する関心や問題、熱意などを共有し、その分野の知識や技能を、持続的な相互交流を通じて深めていく人々の集団[5]」として提起した。自発的な参加をもとにした共同探究の場であり、メンバー一人ひとりにとって参加する価値が感じられる、共に学習することを重要視するものである。

　実践コミュニティには規模の大小、長期短期、同質的か異質的か、自発的か意図的か、などによる多様な形態があるが、基本要素として一連の問題を定義する知識の「領域」、その領域に関心を持つ人々の「コミュニティ」、領域内で効果的に活動をするために生み出す共通の「実践」の3つから成る。これらの要素が相互に影響を与え合い、うまくかみ合って初めて、実践コミュニティは「知識を生み出し、共有する責任を担うことのできる社会的枠組み[6]」になる。

　実践コミュニティの考え方で特徴的なのは、生き物と同じように生まれ、成長し変化するもの、「潜在」「結託」「成熟」「維持・向上」「変容」という段階

を経験するものとしてとらえられていることである。活気を誘引したり，引き起こすことで実践コミュニティを育む「コミュニティ育成の7原則」として，次のような内容が示されている。[7]

[コミュニティ育成の7原則]

①進化を前提とした設計を行う

　実践コミュニティは有機的な生きものであるため，その設計は無から作り上げるというより発展に力を貸すことが必要で，生涯にわたる学習に近い。

②内部と外部それぞれの視点を取り入れる

　コミュニティの本質を見抜くことのできる部内者（インサイダー）の観点と，潜在能力を見出す部外者（アウトサイダー）の観点の両方が求められる。

③さまざまなレベルの参加を奨励する

　コミュニティへの関心は人によって違うため，参加の度合いもさまざまでいい。次項（2）参照。

④公と私それぞれのコミュニティ空間を作る

　活気に満ちた実践コミュニティでは，会議などメンバーが集う公共空間と，一対一や非公式なやり取りをする私的空間の両方で交流が行われている。

⑤価値に焦点を当てる

　コミュニティの価値は，当初は十分理解されないことが多い。メンバーに価値をはっきりと言葉に表すようにたえず働きかけることが大切である。

⑥親近感と刺激とを組み合わせる

　親近感を感じる日常的・定期的な活動と，目新しい・刺激的な活動やイベントを組み合わせることで，交流を持続的にして人間関係を築き，メンバーの関心をひきつけることができる。

⑦コミュニティのリズムを生み出す

　いつどのようなイベントを行うのか。イベントはコミュニティに鼓動を与え，その鼓動に合わせて他の活動も独自のリズムを生み出し，交流のテンポをつくりだす。発達の段階に応じてリズムを見つけることがカギとなる。

(2) コミュニティへの多様な関わり方とコーディネーター

　実践コミュニティにおいては，参加する理由や関心は人によって違うので，メンバー全員に同質で同程度の参加を期待するのは現実的ではなく，優れたコミュニティの構造は，さまざまなレベルの参加を奨励するようにできているとしたうえで，3つのレベルの参加の在り方を示している（図11-1）。

　コミュニティの中心的存在であり，コミュニティに積極的に参加し役割を担い，活動を引っ張っていくのがコア・グループに属する人々である。その外側にアクティブ・グループがおり，定期的に活動に参加するがコア・グループほど熱心ではない。周辺メンバーはコミュニティの大部分をなしているが積極的に参加せず，コアやアクティブ・メンバーの交流を見守っている。一般的なチームではこのような中途半端な関与は奨励されていないが，こうした周辺的な活動が，実践コミュニティでは重要な特質となっている。

　コミュニティのメンバーは，これらのレベルの間を行ったり来たりする。「コミュニティの参加の質を高め，レベル間の適切な往き来を促すための鍵は，どのレベルの参加者もフルメンバーのような気持になれるように，コミュニティ

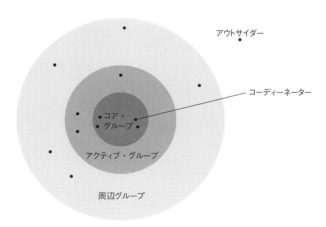

図11-1　コミュニティへの参加の度合い

出所：エティエンヌ・ウェンガーら著，野村恭彦監修，櫻井祐子訳『コミュニティ・
オブ・プラクティス』翔泳社，2002年，p.100

の活動を設計すること⁸⁾」が必要で，参加を強制するのではなく，イベントや一対一の対話を通して周辺メンバーの関心を引き付けたり，アクティブ・メンバーに責任ある役割を担う機会をつくるなど，メンバーをより積極的に参加させるために引き寄せることが求められる。

活発なコミュニティにはイベントを計画し，メンバーを結び付ける「コーディネーター」がいる。「さまざまな関係を維持し，実践を開発することができるよう手助けする人⁹⁾」で，一般的な指導者やリーダーなどの役割とは異なる。コーディネーターの主な役割は人と人とを結びつけることであり，分野における専門家である必要はない。個々人と実践コミュニティの状況を理解し，双方の成長に携わることが求められる。

3. 事例検討

地域における生涯学習活動では，住民自身が学び合いながらグループを形成し，行政やさまざまな機関と連携・協働して市民目線での学習支援活動に取り組んでいる。こうした活動は興味や関心，熱意を同じくする市民メンバーによって自主的・自立的に取り組まれている。多種多様な経験をもつおとなたちが一人ひとりの学びを展開させながら，仲間とともにグループとしても成長し，地域の多様な機関とネットワークを形成しながら主体的に活動を発展させていくプロセスは，〈学びあうコミュニティ〉の形成過程としてもとらえることができる。ここでは，生涯学習ボランティア団体の事例をもとに，実践コミュニティの育成過程とメンバーシップの具体的展開について検討する¹⁰⁾。

(1)「なかの生涯学習サポーターの会」の概要

「なかの生涯学習サポーターの会」は，生涯学習や文化活動を領域とした市民有志による団体である。東京都中野区教育委員会が主催して2006年に行った生涯学習サポーター養成講座を受講した修了生23人によって2007年に誕生した。その後，現在に至るまで区の生涯学習・文化芸術活動施設である「なか

のZERO（もみじ山文化センター）」を拠点に活動を継続している。会の目標は，「中野区民の生涯学習，文化芸術活動の振興に貢献し，区民が活動しやすい環境を整えること[11)]」であり，そのために区，指定管理者と話し合い，三者協働して区民の声が活かされた生涯学習，文化活動を進めている。現在は主に次のような活動に取り組んでいる[12)]。

・展示・掲示部門
　なかのZEROにあるガラスケースの区民作品展示の入れ替えや，地域で開催されている区民主催の講座・イベントなどの情報を掲示している。
・広報・ネット情報部門
　中野区生涯学習サークル・指導者紹介サイト「まなVIVAネット」の情報更新サポートおよびコラム「まちかど生涯学習」の執筆，投稿。
・イベント・講座部門
　実行委員会形式で運営するさまざまなイベント・講座の企画運営。
・バリアフリー／ユニバーサルデザインマップの作成
　実行委員会で講座を企画・運営し，区内のマップづくりに取り組む。

(2) 実践コミュニティとしての展開と特徴

　会設立のきっかけとなった行政主催の養成講座を企画した社会教育主事は，子ども支援活動や地域活動などさまざまな場ですでに活動に取り組んでいた市民に声をかけ，参加を促し，地域で活動する人々のつながりをつくることで，市民に必要とされる活動につなげることを意図したという。講座修了後の活動の「受け皿」をあえて示さないことで，講座講師とともにサポーターのあり方や活動内容など参加者相互で意見を出し合うことを働きかけ，すでに地域で活動を行っている人，これから何か活動に取り組みたい人の経験や関心をもとに，学びあいながらコミュニティと実践を生み出す「進化を前提とした設計」（原則①）であったといえる。

　活動がさまざまな部門にわたって展開し，新会員も増える中で，会全体の位

置づけや部門相互の関係について会員の認識がずれたりあいまいになることがある。毎年行われる総会で会の目的や価値を共有しているが，設立10周年の節目には記念冊子をつくり，会員からメッセージを集めたことは，改めてコミュニティの価値を会員自身が表現する機会となった（⑤価値に焦点を当てる）。

　組織体制としては，会長・副会長・会計といった役職のほかに，各部門にリーダーがおり，会全体を見通した運営を行っている。シニア世代のメンバーは病気や介護などをきっかけに，若いメンバーは仕事との関わりで参加頻度が下がることもあるが，周辺メンバーとしてゆるやかなつながりを保ち，間をあけて再度アクティブ・メンバーに戻ってくる場合もある。古参・新メンバーいずれもコア・アクティブ・周辺のレベルを行き来することが許容されている（③さまざまなレベルの参加を奨励する）。

　会では，他地域の生涯学習ボランティアと交流したり，定期的に専門家に養成講座の講師を依頼するなど，部外者の観点を取り込む工夫がされている（②内部と外部それぞれの視点を取り入れる）。会の目的にもあるように，行政と施設を運営する指定管理者である民間企業との連携・協働を常に意識していることも特徴で，単に施設を借りたり補助金を得たりする関係にとどまらず，事業運営について意見交換し協力しあうなど区内の生涯学習・文化活動を発展させるための三者協働のあり方を模索している。

　会員同士の交流も盛んに行われている。定期的な会合以外の，区内外への視察や，活動後の会食を楽しみに参加している会員も少なくない。会合で必要な事項のみを報告・協議していたところ会員同士の関係が深まらなかった経験から，現在では会員の得意分野を披露してもらったり，インフォーマルな交流の場を意識して作っており，会員同士の信頼関係やいごこちの良さを創出している（④公と私それぞれのコミュニティ空間を作る）。

　養成講座やマップ作成講座は，数カ月にわたる実行委員会や事前打合せを経て，会員外の一般市民にも参加を呼び掛けて行う刺激的なイベントである。各グループのリーダー役を務める会員は，新規参加者と既存会員との橋渡し役に挑戦する。また会員からの提案や講座で出たアイデアをもとに，「マップ作り

講座」のような新しい活動が生まれ，そこに関わることも会員の関心を引きつけている（⑥親近感と刺激とを組み合わせる）。年間を通した活動には一定のリズムがあり，次年度に引き継がれている（⑦コミュニティのリズムを生み出す）。

(3) メンバーシップとコーディネーターの学び

　行政による「生涯学習サポーター養成講座」終了後，サポーターの会自ら養成講座を主催しているが，これが新規メンバー獲得のみならず，コミュニティに多様な関わり方をする既存メンバーの関心を引きつけ価値を共有したり，参加レベル間の移動を促したり，コミュニティを育成する重要な機会となっている。

　養成講座には講義に加えてグループ活動が組み込まれており，話し合いながら実地調査や実践に取り組むなど，主体的な学習活動を体験しつつ関係を形成し，コミュニティ参加につなげることが工夫されている。グループ活動で提起されたアイデアがサポーターの会の活動として実現し，継続的に展開され，位置づいていくことで，学び（知）と活動（実践）がシームレスにつながり，一人ひとりがコミュニティへ継続的に参加する動機づけになっているだけではなく，コミュニティの活動を活性化している。既存のメンバーはグループ活動でリーダーやサブリーダーを務めることで，運営や橋渡しといった責任ある役割を担う機会がつくられ，自らも学びつつ，アクティブやコアなメンバーへ移行することが期待されている。また講座中や講座後に行われる会食などを通した個別でインフォーマルな交流が，新旧・レベルの異なるメンバー間のつながりをつくっている。翌年の養成講座は半年以上前から実行委員会が組織化され，企画には前年度に受講した新しいメンバーの声が多く取り入れられる。会員となって日の浅いメンバーの意見を受けとめ，取り入れることで，メンバーの関心を引きつけつつコミュニティの固定化を防いでいる。

　会の代表は15年間で3名が交代し，副会長などとともにコーディネーターの役割を担ってきた。コーディネーターとしての学びを積極的に求め，大学や地域で行われている学習会や研修に継続的に参加し，さまざまな職種・地域の

コーディネーターとともに学びあい，実践の省察を通して学んだ成果を活動にいかしている。ここ数年はコーディネーターやコアメンバーの固定化が課題となっているものの，メンバー同士の対等な関係性や，互いの得意分野を活かしながらみんなで考え実践をつくっていくという特徴は大切にされ続けている。

4. 学びあうコミュニティをめざして

地域には，おとな同士の学びを通したさまざまな自主的なコミュニティがあるが，一人ひとりの成長とコミュニティの成長をともに図ろうとする実践コミュニティの考え方は，会の運営にいかすことができるだろう。学び合うコミュニティを内外から支援するコーディネーターや職員は，地域やメンバーの状況を理解し，それぞれのコミュニティに応じたデザインや働きかけを行うために，自身も学び合うコーディネーター・コミュニティに参加し，自分たちならではのコミュニティのあり方や運営についてふりかえり，学びあい，実践していくことが求められる。

注
1) 中央教育審議会答申「人口減少時代の新しい地域づくりに向けた社会教育の振興方策について」2018年，p.5。
2) 日本社会教育学会社会教育・生涯学習関連職員問題特別委員会「知識基盤社会における社会教育の役割——職員問題特別委員会 議論のまとめ」日本社会教育学会編『学びあうコミュニティを培う——社会教育が提案する新しい専門職像』東洋館出版社，2009年，p.6。
3) 同上，p.10。
4) 文部科学省生涯学習政策局「社会教育主事講習等規程の一部を改正する省令の施行について（通知）」（29文科生第736号）平成30年2月28日。
5) エティエンヌ・ウェンガーら，リチャード・マクダーモット，ウィリアム・M・スナイダー著，野村恭彦監修，櫻井祐子訳『コミュニティ・オブ・プラクティス』翔泳社，2002年，p.33。
6) 同上書，p.65。
7) 同上書，pp.91-110。

8) 同上書，p.101。

9) 同上書，p.131。

10) 活動の展開については，なかの生涯学習サポーターの会が発行する「広報チラシ」，『創立10周年記念誌』ほか，東京学芸大学コミュニティ学習支援コーディネーター養成講座実行委員会『学び合いを支える実践力を培う　コミュニティ学習支援コーディネーター養成講座実践記録集』(2016 〜 2022) に収録されている。会長の道林京子氏，副会長の伊藤勝昭氏による実践記録および参与観察をもとにまとめた。

11) なかの生涯学習サポーターの会『創立10周年記念誌』2017年。

12) なかの生涯学習サポーターの会「広報チラシ」2021年。

第12章 日本における市民大学の系譜と特徴

坂口　緑

1. はじめに

　成人教育は一般に，産業革命の振興とともに農村から都市へ流入した労働者層のための学習として始まった。[1]ヨーロッパにおいては，職業団体や宗教団体が，地場産業の振興のために，技術や知識を伝承する組織的な学習が行われた。日本では，明治期以降，国民国家を形成するための教育・訓練は，フォーマルな教育機関，すなわち小学校から大学にいたる学校を中心に行われてきた。けれどもその一方で，地域に必要とされる農業，商業等を振興し，その時代の課題に取り組むために学習する集団も存在した。本章ではこのような自主的な学習活動である，ノンフォーマルな学習組織としての市民大学を取り上げる。

　本章で着目するのは，次の3つの事例である。第一に，大正時代に発展した「自由大学運動」である。自由大学は，1920年代に長野県，新潟県等で展開された民間の集団で，地方都市の青年層によって展開されたノンフォーマルな学習組織である。資金難により長くは継続されず，全国には広がらなかったものの，成人の自主的な学習活動を社会に根づかせるきっかけとなった。第二に，1980年代以降，全国各地で展開された行政による「市民大学」である。市民大学は，各地の地方自治体が提供した，一般市民向けの教養講座を「大学」という名のもとに展開する例である。地方自治と市民参画の時代となった1990年代以降はとくに，市民大学の重要性が評価されている。第三に，2000年代以降，全国の都市部を中心に展開されている，「新しい市民大学」である。新しい市民大学は，そのほとんどが民間の学習組織で，地域のニーズに応じた多様

な学習方法を試み，生涯学習実践の可能性を広げている。

　このような，日本における民間の動きに着目し，自主的に展開された「大学」の系譜をたどることで，日本の生涯学習社会におけるノンフォーマルな学習組織の可能性を検討したい。

2.　自由大学運動の興隆

　自由大学の歴史は，1921（大正10）年，哲学者の土田杏村の協力のもとに長野県上田地方に設立された，信濃自由大学から始まる。²⁾自由大学とは，農民や教師などの聴講者の聴講料をおもな財源に，新進の学者を招き，主に哲学や文学，社会科学などの領域について，大学の講義と同程度の高いレベルの授業を行う自主的な学習の場である³⁾。

　大正時代は，社会改造論や民本主義など，新しい思想が欧米から導入された時期である。日本国内では新聞や雑誌などの出版が相次ぎ，これらの思想に関する議論が，狭いアカデミアを超えて一般市民にも共有されるようになっていった。出版物を通して，都鄙の別なく議論する読者が誕生した結果，農村や地方都市でも，知識人による講演会が開催されるようになった。例えば，1919（大正8）年に発表された芥川龍之介の短編小説「疑惑」には，岐阜県の大垣町に，連続講義のためにしばらく町に滞在した学者が登場する。小説の冒頭には，「地方有志」である「教育家の団体」に招かれ，「実践倫理学の講義を依頼され」，町の有力者が用意した一軒家に滞在しながら，講義の準備をする様子が描かれる⁴⁾。小説の中では，十数年前に招かれたという設定であることからも，このような人文科学系の講演会が，地方都市で開催されていたことが推察できる。

　養蚕業や米作で栄えた富裕な農村においても，帝国大学が所在する都市に住まう人と変わらない問題関心をもつ人々によって，自由大学運動は支持された。村の有志たちは，学問や芸術を学ぼうと，お金を出し合い，学者を招いて，講義を聴いた。このような講演会が，1920年代はじめから1930年代のはじめにかけて，自由大学という名称の下，長野県上田市，飯田市，松本市，新潟県，

福島県，群馬県などで行われた。これらは総称して自由大学運動と呼ばれる。[5]

　自由大学運動の最盛期は1920年代半ばだった。1924年には，各地の教育運動をつなぐ「自由大学協会」が設立され，翌1925年には月刊の『自由大学雑誌』も発行された。当時の記録によると，講義科目は，法律哲学，文学論，哲学史，哲学概論，倫理学，心理学，経済学，宗教学，経済思想史・社会思想史，社会学，政治学，仏教概論，生物学といった内容で，聴講者は，農業従事者のほか，商業，官吏，教員，学生，製糸業，弁護士，新聞記者，軍人，宗教家，旅館業，医師，職工等々だった。[6]自由大学協会の規約には，「自由大学運動を全国的に派及する様努力することを以て目的とする」（ママ）と書かれたものの，その後にやってくる農村の不況，そして自由大学運動の「支柱」であった土田杏村の病気の悪化といった要因により，運動はあまり継続せずに終息した。[7]

　これらの自由大学は，当時の社会にとってどのような意味を持っていたのか。自由大学は，各地で盛んに開催されていた，青年のための行政機関による夏季講座や「唯だ学生に職業を与うるのみの機関に堕しつつある」公立の大学との対比から，「青年の要求」を充たす，「新らしい空気の思想運動」として人々を惹きつけた。[8]さらに，女性や学生も多く参加した魚沼および八海の自由大学では，絵の展覧，レコードコンサート，仕舞の上演のような娯楽的要素が加味された。このような，「地味な学習の場というよりも，地域の文化センター的役割を負っているかのようにみえる」内容が提供された点が，一般市民に新しいものとして受け止められたのだとわかる。[9]

　「本来学問芸術とはかかる純粋に飢えたる者」[10]のため，と謳った自由大学は，このように，既存の枠からはみ出て変化する自由さを持ち合わせていた。しかし，治安維持法が制定され（1925年），一部の講師の言動が厳しい監視を受けるといった背景に加え，1930年の昭和恐慌による影響により，農村青年層の経済的基盤が崩され，聴講料のみを頼りに運営されてきた自由大学は，1930年代に活動を休止せざるをえなかった。[11]

3. 市民大学の登場

　第二次世界大戦後，日本社会でふたたび市民大学が注目されるのは，社会教育行政の公的な事業としてだった。戦後，全国に整備された青年学級や青年団の活動は，読書をする世代を誕生させた。彼らの多くは大学に進学せず，中学あるいは高校卒業後に働き始めた勤労青年だった。[12] 企業内サークル等でさらなる勉学を続けたこの世代は，やがて，1960年代から1980年代，行政主導の市民大学が整備されると，その主要な受講者として熱心に勉学を継続した。

　高度な学習ニーズに応える市民大学が，各地の自治体で設立されるようになった背景には，このような世代のニーズがあった。当時，国の教育政策としても，生涯教育体系が整備されつつあった。公共サービスの一環として，すべての市民に高等教育と同等の学習機会を提供することは，いつでもどこでも誰でも学ぶことのできる生涯学習社会の実現にとって必要な一歩だった。

　1987年から1989年にかけて全国の市民大学を調査した池田秀男[13]によると，市民大学とは「伝統型大学の枠を越えたいわばノンフォーマル型の高等教育機関」であり，地方自治体や公共機関が主体となった地域ベースの公共事業であること，大学教育の経験をもつ教授陣が高度な学習内容を一般市民向けに再編成して提供していること，継続的・安定的に実施しながらも柔軟かつ短期サイクルで社会の課題や需要に即応していること，といった特徴をもつ。[14]

　池田らの調査によると，市民大学で提供される授業内容は，一般教養を重視する内容となっており，講師に「大学教授など」を選んでいるケースが多い。ただし学習の形式に関しては，講義や講演会，もしくはその組み合わせが多いものの，それで終わるものは少なく，講義を受けたのちに話し合い学習が組み合わされるなど，成人教育に特徴的な形式が見られたという。[15] このように，公共サービスとして提供された1960年代から1980年代の市民大学は，市民が大学教授から高等教育と同等水準の知識に触れる機会を提供し，学習者同士のさらなる学習サークルを形成する役割を果たしてきた。

　それに対し，1980年代以降，民間のカルチャーセンターの興隆に影響を受け

ながらも，異なるかたちで展開されてきた市民大学は，また別の特徴をもつ。それは，「市民自身が企画・運営の中心となって学習の場を生み出していくところ」としての市民大学である。

　この種の市民大学に着目し，地域における生涯学習の効果に関する研究を1994年から1996年にかけて実施した田中雅文は，「社会運営の主体としての市民が，自己教育をとおして自らの独立性と社会への批判性，さらには社会変革への視野をも培いうるような場として発展することが望ましい」と述べ，そのために市民・学習者自身が企画や運営に参加する仕組みが重要になっていると指摘する。[16]

　田中のグループが1995年に実施した全国の市町村を通して行った調査では，1994年当時，公共サービスとして設置されている市民大学のうち453団体から回答を得ている。調査方法による制約のため，自治体を通して行った調査であるため池田らと重なる部分が多いものの，このときの調査から田中のグループは，当時の市民大学に見られる特徴を，次のような6点に見いだしている。

　第一に，企画運営に対する市民・学習者の関わりが見られるという点である。当時はまだ，さきがけ的にではあるものの，講座の修了生が受講者の援助・相談，講座の講師として協力する仕組みをもつ市民大学が確認された。第二に，講師として大学教育の経験をもつ教授を登用するところが多かったという点である。1960年代から1980年代の市民大学と同様，学習ニーズの高度化に応えるためだと考えられる。第三に，「受益者負担」原則の採用である。社会教育の施策で重視される機会均等や補償性の原則よりも，個人のニーズに応えることを優先するためだと考えられる。第四に，一般教養と地域・社会問題の重視である。趣味やレクリエーションに関する内容に加えて，「現代的な課題」に対応する学習内容を提供する傾向にあるという。第五に，修了後の諸活動への配慮である。学習成果の発表，学習グループの結成，ボランティア活動の紹介などの配慮が見られ，学習成果の活用を支援しているという。第六に，新しい教育システムの模索である。市民大学の中には単位制の仕組みを取り入れているものもあり，一定期間の学習の継続を意図するシステムを模索する傾向が見

られたという。このように，田中のグループが着目する市民大学は，公共サービスとして学習機会を提供するタイプの市民大学に限定したとしても，市民が企画運営に関わり，受益者負担で講座を受講する受講生も，修了後に何らかの活動に関わるという学びの循環が意識されていることがわかる。[17]

　まちづくりと生涯学習について研究している瀬沼克彰もまた，1995年に全国の市民大学を対象に調査を行っている。そして，講座自体の運営方法の中には，1995年の調査時点で，「市民教授」という制度，すなわち教えたいという意思を持つ人が講師として講座を申請する方法を採用しているところや，学習ボランティアと呼ばれる市民が企画と運営に関わる業務のほとんどすべてを担っているところなど，市民参加型の運営方式が見られたという。[18]

　現在も，公共サービスとして提供される市民大学の中には，教養を重視するタイプのものと，市民参画を重視するタイプのものの両者が併存している。また，田中や瀬沼がともに指摘するように市民による企画運営が組織化されているなど，受講生が運営側へと移行する学びの循環につながるシステムを有しているところも見られる。市民が主体となる学習組織は，多様な活動を展開し，生涯学習実践の多様さを支えている。

4. 新しい市民大学へ

　2000年代以降，その地域の住民だけではなく，在勤者や在学者，あるいはその地域を好む人など，地域に関わる人々が地域コミュニティに関わるきっかけを得るために自主的に集う学習の場が登場してきた。これは「新しい市民大学」と呼ばれる。ここに集っているのは20代から40代を中心とする世代で，職場とは異なる活動の場を得ようとする人々である。新しい市民大学とは，流動する人口の多い都市において，その地域に関わりたいと願う人々が自主的に集う，民間の非営利組織による学習拠点である。[19]

　新しい市民大学の特徴は次のように説明できる。企画運営は，前出の市民大学と同様，市民・学習者自身が担う場合が多く，講師もまた，地域の人やその

街で知られる市井の人が登用される。受講料も無料もしくは安価な水準に抑えられており，そのぶん，新しい受講生を招き入れやすくなっている。学習の内容は，フォーマルな教育機関としての大学とは一線を画するような，その地域に暮らす人々の生活や仕事に関わる，些細な，けれども看過できない生活課題や社会問題である。学習方法も，映像や音声を活用し，講師と受講生が，また受講生同士が相互に対話を重ねるワークショップ形式が用いられる。

　例えば，2006年に設立された「シブヤ大学」は全国的な知名度を誇る新しい市民大学の代表的存在である。シブヤ大学は，原則無料で年間100講座を展開する，誰にでも開かれた学習の場である。キャッチコピーは「街がまるごとキャンパス」であり，公園や商店などを会場に，授業コーディネータが入念に準備したプログラムを提供するスタイルを打ち立て，全国の新しい市民大学の事業モデルとなってきた。シブヤ大学には授業のほかに，「ゼミ・サークル活動」という場があり，授業で出会った人たちが学びや交流を深めることができる。またイベントも重要な活動で，渋谷の街に関わる企業とともにシブヤ大学がコンサルタント業務を担い，街の活性化イベントや集客，啓発のアイデアを提供し，協働で事業を担っている。設立から15年を経た現在は，学びは与えられるものではなく，学ぶ人が共につくる場だとの考え方が強く打ち出され，自分の意見や疑問，悩みを真剣に話したいと願う20代から40代を中心に，多くの支持を集めている。[20)]

　また2013年に設立された「こすぎの大学」(神奈川県川崎市) は，「武蔵小杉に関わる人を知る，語る，好きになる」を合い言葉に，月に一度の授業を提供する市民大学である。もともと，川崎市内のある企業での学習会としてスタートした集まりが，地元商店会の人も加わるようになり，急速な都市開発の進む武蔵小杉地域において，旧住民と新住民の交流の場として発展してきた。授業は勤め帰りの人が集まれるよう，月に一度，金曜日の夜に開かれる。「武蔵小杉を演じる」，「武蔵小杉のミライ学」，「武蔵小杉のライフプラン」など，すべて地域に関連した内容で，講師も基本的には地域に関わる市民が務める。1回500円の授業料で会場費と講師料をまかない，十分に運営できているという。

現在は，川崎市などの自治体や他のNPOとの共催イベントも増え，地域のキーパーソンが集う，街に欠かせない存在となっている。[21]

　新しい市民大学は全国に約50校あるといわれている。[22] その多くが特定の場所を持たず，コミュニティセンター，公園，カフェなど，街中にあるスペースを活用しながら定期的に講座を開催している。新しい市民大学は，行政が主催する一部をのぞき，その多くが自主グループによる民間の活動であり，かつアドホックに展開されることが多いため，生涯学習実践研究においてもあまり注目されてこなかった。しかし，この実践もまた，自由大学運動や市民大学と同様，ノンフォーマルな学習組織だからこそ，可能となるような特徴をもつ。

　なかでも重要なのは，学ぶ人も運営する人も同じ仲間として参加する，フラットな組織をもつ点である。新しい市民大学は，地域に住んでいない人にも開かれている。そして，日常生活の延長線上にある地域課題を好んで取り上げる。地域史，商店，風習，環境，ランドマークを学習資源とする。学習方法も講義型をとらない場合が多く，映像や音声，対話を多用しながら，講師と受講生が，また受講生同士が相互に学び合う，1回から数回のワークショップ形式が用いられる。これらの内容と方法が，初めて参加する人も，何回も通い詰める人も，同じような立場で関わることのできる場を作り出している。

5. おわりに

　自由大学運動，市民大学，そして新しい市民大学を事例に，日本社会におけるノンフォーマルな学習組織の変遷を概観した。

　自由大学運動は，社会教育行政が主導する講座では充たされない知識欲をもつ人々が始めた活動だった。短命に終わったとはいえ，人文学や社会科学の講義から，やがて文化センターのような役割を果たすなど，既存の枠からはみ出て変化する自由さも見られた。第二次世界大戦後，全国に整備された青年学級を中心に，読書する勤労青年たちが継続して学び続けた先に，生涯教育体系への変化という国の教育政策の後押しを得て，各自治体が市民大学を設立する時

代がやってきた。それは，学習者が教養を高め，仲間を得る場だった。そして
このような学びの場が，その後に興隆する，学習者自身が市民大学の企画運営
に参加するタイプの市民大学を準備した。学習者はときに学び，時に教え，組
織を動かす。既存の枠組みからはみ出る学習の場を作り出してきたのは，この
ような市民だった。2000年代以降に登場した新しい市民大学もまた，歴代の
市民大学で培われた技法を受け継ぐことで，新たな学習を作り出している。

　現在の日本において見られる生涯学習実践の幅広い豊かさは，このようなノ
ンフォーマルな学習組織における活動の数々によって生み出された学びと，活
動する人々によって支えられている。

注
1) 新海英行『現代ドイツ民衆教育史研究』日本図書センター，2004年，pp.59-68。
2) 大串隆吉は，市民／民衆大学の先駆けとして，東洋大学山梨県人会が主催した
　　サマースクールである峡中夏期大学 (1923-1927)，財団法人信濃通俗大学会が
　　開催した木崎夏期大学 (1918-現在)，任意団体による信濃自由大学 (1920-1931)
　　と位置づけている。大串隆吉「市民／民衆大学運動の遺産と今」『月刊社会教育』
　　第715号，2015年，pp.4-12。
3) 自由大学研究会『自由大学雑誌復刻版』自由大学研究会，1976年，pp.1-2。
4) 芥川龍之介『芥川龍之介全集3』ちくま文庫，1986年。
5) 長島伸一「自由大学運動の歴史的意義とその限界」『経済志林』2006年，p.169。
6) 森山茂樹「魚沼，八海両自由大学の成立と経過」『人文学報』1971年，pp.148-
　　149。
7) 同上論文，p.150。
8) 同上論文，pp.159-160。
9) 同上論文，p.167。
10) 八海自由大学の発会式に高倉輝が寄せた言葉である。同上論文，p.160。
11) 山口和宏は，自己教育への意欲をもつ農村青年という受講者モデルの限界も指
　　摘する。山口和宏『土田杏村の近代』ぺりかん社，2004年，pp.169-209。山野春
　　雄「自由大学運動の歴史」長野大学編『上田自由大学とその周辺』郷土出版社，
　　2006年，pp.7-32。
12) 福間良明『「勤労青年」の教養文化史』岩波新書，2020年。ただし女性たちは
　　また別のサークル文化を展開した。天野正子『「つきあい」の戦後史――サークル・
　　ネットワークの拓く地平』吉川弘文館，2005年。
13) 池田のグループは101の実施主体に質問紙を送り，79の団体から回答を得てい

る。そのうち，63.3%が「教育委員会」，21.5%が「公民館」，そして12.7%が「生涯教育・社会教育センター」がそれぞれ設置主体であると回答している。また設立時期については，1956年から継続している実施主体が1団体ある一方で，76団体のうち過半数（53.9%）が，1980年以降と回答している。池田秀男編『市民大学に関する調査研究』広島大学大学教育研究センター，1993年，pp.23-32。

14）池田秀男「市民大学システムの現状と課題」『社会教育』5月号，財団法人全日本社会教育連合会，1994年，pp.45-57。

15）同上。

16）田中雅文編『社会を創る市民大学』玉川大学出版部，2000年，pp.39-40。

17）同上書，p.47。

18）瀬沼克彰『住民主導の生涯学習地域づくり』世界思想社，2006年，pp.33-34。

19）坂口緑「新しい市民大学の系譜と類型」『日本生涯教育学会論集』37，2016年，pp.13-22。

20）坂口緑「ソーシャル系大学とは何か：市民大学の系譜から見る「シブヤ大学」」『社会教育』5月号，2015年，pp.44-52。参加者の属性についてはシブヤ大学2019年度活動報告書を参照（シブヤ大学HP，https://www.shibuya-univ.net/，2021年12月30日最終閲覧）

21）坂口緑「地域のなかの「外」へ開く──新しい市民大学の事例から考える」『月刊公民館』9月号，2016年，pp.12-15。

22）筆者調べ。

第13章 コミュニティ活動を通じた
成人の学習
「人と人とのつながり」をめぐって

北澤李奈

1. はじめに

　人とつながる，とは具体的に一体何を指すのだろう。私は，2011年の東日本大震災をきっかけに，考え続けている。それを学びたく，大学院に進学した。

　そして，縁があり，武蔵野市のけやきコミュニティセンター（概要は後述）に関わることになった。そこで感じたのは，人とのつながりがもてたことだけではなく，「ありのままの自分（私自身）が認められている」という実感と，それによって自分の自分に対する認識が，「出来損ないの自分」から「実は出来損ないではない自分」に変容しているという実感だった。これを実感しているのは私だけなのだろうか？　どうしてこのような変容が起きたのだろう？　と知りたくなり，自分と深く関わってくださった方々にインタビューを行った。その結果，けやきコミュニティセンターに関わる人々が，それぞれの内容・プロセスで意識変容を遂げていることが分かった。

　私は，けやきコミュニティセンターとの出会いが自分の人生を，そして物事の見方を大きく変えたと思っている。そして，その経験を，今ここに残したいと思い，記述している。

　いつか，人とつながるとは何だろうと感じている人々にとって，私の経験が少しでも役に立てばと思う。

2. けやきコミュニティセンターとは

　今回フィールドとして取り上げる「けやきコミュニティセンター」(以下，けやきコミセン)について，その概要を述べていこう。けやきコミセンは，武蔵野市のコミュニティ政策の一環として設置されている。武蔵野市には，現在16館のコミセンが設置されており，最も活発なコミセンの一つとして知られているけやきコミセンの運営は，(他のコミセンと同様)市民がコミュニティ協議会を組織し担っており，行政職員は配置されていない。コミュニティ協議会が主催するイベントやさまざまな企画，コミセンを拠点として活動する自主グループ等，多様な形でコミセンを中心とした活動が存在している。

　本節でのコミュニティ活動とは，これらの多様な活動のすべてを含んだものである。

　さて，けやきコミセンでのフィールドワークは，次の3つの視点から行った。第一に，コミュニティ活動を通して，成人にどのような学習や意識変容が生じるか。第二に，その要因とプロセスはどのようなものなのか。第三に，コミュニティ活動を通した学習や意識変容は，どのような効果を持つのか。

　以上の視点を持って，2015年5月〜2016年11月，けやきコミュニティ協議会に関する資料収集をしながら，同協議会の一部門である「まちづくり局」に属する「けやきガーデナーズ」や「けやき茶社」という自主グループの活動に参加したり，それ以外にも，けやきコミセンが主催する夏祭り等のイベントや運営委員会をはじめとするさまざまな話し合いの場に参加させていただき参与観察を行うとともに，けやきコミュニティ協議会およびその構成メンバーに対するインタビュー調査を行った。

　ここで，参与観察中のエピソードをいくつか紹介する。さまざまなグループ活動や，けやきコミセンの活動に参加させていただいたが，どこに行っても心地がよい。例えばけやきガーデナーズであれば，毎週参加していたので，メンバーの方々は私にいろいろな花のことを教えてくださったり，何の知識もない若者であった私を，"ガーデナーズのメンバーの一人"として迎えてくれた。男

性メンバーのみで結成され喫茶店を開くという「けやき茶社」では，私が出向くと皆さんとても喜んでくださり，コーヒーの淹れ方のこだわりを説明してくれたり「ここは喫茶店だからゆっくりしていきなさい！」とおいしいコーヒーを出してくださり，時に私が座るテーブルに来て談笑を楽しんだ。そのほか夏祭りや話し合いの場などでは，けやきコミセンに関わる多くの方から，「北澤さん！」と笑顔で迎え入れていただき，そして私にも役割を振ってくださったり，時には人生相談に乗っていただいたりと，大変お世話になった。けやきコミセンの心地よさとは，「来るもの拒まず，去る者追わず」で，皆が必ず「また来てね」「いつでも帰ってきてね」と出会った人々を大切にし，家族のように接してくれるところからくるのだと思う。それがたとえ私のような武蔵野市民でなくてでも，である。

　私もけやきコミセンに行けば心が落ち着き，笑顔でいられるのだった。自分という人間を認められている気がして，嬉しかったうえ，元気をもらえたのであった。

3. コミュニティ活動を通した「学習」と「意識変容」とは何か

　本章では，けやきコミセンというコミュニティ[1]に参加する人々に，どのような意識変容が生じていくのかを考えていきたい。

　意識変容とは，「自分自身や自分たちが生活している世界の見方についての劇的かつ根本的な変化」として定義され，そして，その「世界の見方」の変化は，「すでに知っていることに新たな知識を付け加えること以上のもの」である[2]。

　さらには，「人（教育学者を含む）との活発なやりとりによって生まれたり，あるいは入念に企画された演習や活動への参加や，読書や視覚教材によってもまた，突然，生じるかもしれない[3]」。

　つまり，意識変容とは，すでに自分が持っている物事の見方が変化することといえる。しかし，物事の見方が変化するには，何らかの経験が必要ではない

だろうか。私たちは，日常生活や諸活動での経験を通して，価値観が変化したりする。実際，私は，けやきコミセンに関わり，いろいろな経験をさせていただくことで，物事の見方が大きく変わった。

ところで，教育心理学や教育社会学の分野では，学習の概念を変容・変化といった側面から捉えている。例えば，教育社会学では，学習とは「経験による行動の変容」[4]，教育心理学においては「経験あるいは経験の反復によって生じる行動の持続的変化の過程あるいはその結果」[5]と定義されている。経験を通した結果生じる変化が，学習なのである。つまり，物事の見方の変化―意識変容―も，学習の一種である。

さて，学習についてもう少し深堀りして考えてみる。経験を通して学ぶ，といっても，それが意図的な場合と無意図的な場合に分かれる。とくに，のちに詳しく述べていくが，インタビューに答えてくれた方々の学習（意識変容）は，無意図的に生じているものだった。このような，意図的でなくても結果として生まれる学習について，OECDは「仕事，価値生活，余暇に関連した日常の活動の結果としての学習」，すなわち「インフォーマル学習」と呼んでいる[6]。本編で扱うコミュニティ活動はOECDの定義にある「余暇に関連した日常の活動」に属するといえる。そして，そのようなコミュニティ活動を通した学習は，「インフォーマル学習」と表現することができる。

以上のことから，本章では意識変容とその他の学習（知識・技術の獲得等）を総称して「学習」と呼ぶ。そして，けやきコミセンのコミュニティ活動においては，こうした学習のほとんどはインフォーマルな学習として位置づけることができる。

4. コミュニティ活動を通した学習の内容

まず，けやきコミュニティ協議会のメンバーを対象としたインタビュー調査から，コミュニティ活動を通した学習を以下の4つの類型（7つのカテゴリー）に整理することができた。

第1類型は，知識・技術の獲得である。例えばインタビュー対象者（以下，対象者）のＡさんは，コミセンの利用者である1人の障がいがある少年とのやりとりを通して，「人との話し方，聞き方を学んだ」と話してくれた。この類型に含まれるカテゴリーは一つなので，これを，類型名と同様「知識・技術の獲得」カテゴリーと呼ぶ。

　第2類型は，社会認識の変容である。例えば，結婚をするまで就業していたＢさんは，コミュニティ活動を通して，働いている時にもっていた「話し合い」のイメージが変わり，「話し合うことが大切」であることを学んだという。ここでは，このように社会的な事象に対する既存の考え方・価値観が変容して新たな考え方・価値観を得ることを，「社会認識の変容」カテゴリーと呼ぶ。

　第3類型は，他者認識の変容である。これは，自己と他者との関係がどのような意味をもつのか，どのような関係にあるのかについての認識が変容すること，つまり仲間意識が芽生えるという内容である。例えば，Ｃさんは，定年まで企業で勤務していた。そこで築いた人間関係は，「成果主義」によって成り立っていた。しかし，定年後コミセンで活動するようになってから，「お互いの存在」を，無条件に「認め合う」人間関係を築き上げ，他者と自分の関係は「成果主義」によって成り立つものだけではない，と認識が変容していた。互いに認め合える，コミュニティの一員としての自分を意識するようになったとも話してくれた。このように，自己と他者との関係に対する考え方が変容することを「人間関係に対する認識の変容」と呼ぶ。また，第3類型にはもう一つのカテゴリーが存在する。それは，「他者を受け入れようとする態度の醸成」というカテゴリーである。例えば，Ｄさんは，コミセンでの活動における充実感について，関わる人と「苦しみをみんなで分かり合う」ことで「欠点のようなところも認めてあげて，いいところを認める」ことができるようになったと語ってくれた。他者の考え方あるいは存在そのものを受け入れようとする態度が身につくことが，「他者を受け入れようとする態度の醸成」なのである。

　以上のように他者認識の変容は，「人間関係に対する認識の変容」と「他者を受け入れようとする態度の醸成」というカテゴリーに分けることができた。

第4類型は，自己認識の変容である。これは，自分自身の在り方，存在そのものについて確固たる認識が生まれ，結果として主体的な自己を確立することである。例えばAさんは，コミュニティ活動を通して「誰かの奥さん，なんとかちゃんのお母さん」から「Aさんになっていく」という自身の変化を感じていた。このように，自分自身の在り方・存在そのものについて確固たる認識が生まれ，結果として主体的な自己を確立することを「主体的な自己の確立」カテゴリーと呼ぶ。さらに，自己認識の変容の中には，自分自身の言動・思考や変容過程を客観的に見ることができるようになるという「メタ認知の定着」のカテゴリー，活動を通して自分の能力に気づき，自分に自信を抱くようになるという「自信の生成」のカテゴリーも存在することが分かった。

　以上，コミュニティ活動を通した学習を4つの類型，7つのカテゴリーに整理することができた。

5. 学習の要因と効果

(1) 学習が生じる要因

　では，なぜコミュニティ活動を通して学習（意識変容）が生じるのか。その要因をインタビューの内容から考察した。まず，考えられる要因として大きく3つを挙げることができた。

　第一に，他者との活動の共有である。活動の共有とは，時間および空間の共有と他者からの共感の2つを意味する。時間および空間の共有としては，運営委員会議や話し合い等の合意形成過程を一緒に経験することや，同じ空間で協力しながら作業や諸活動を行うことが代表的な例として挙げられる。他者からの共感としては，運営委員会議で委員一人ひとりの意見を共感してもらえることや，けやきガーデナーズのようにガーデニングが好きだという気持ちを共感し合えることが例として挙げられる。

　第二に，コミセンの精神と資料である。これは，先に挙げた他者との活動の共有のためにも必要な要因といえる。けやきコミセンには，「けやきハンドブッ

ク」という会則集のようなものがあり，そこに「自分の意見を持つ」「人の意見を聞く」「よく話し合い，どこかで接点を見つけよう」「えらい人はつくらない」等，けやきコミセンで大切にしている精神が掲げられている。資料としては，例えば話し合いが行われる際に運営委員から配布される資料が挙げられる。このような資料が，けやきコミセンの精神の一つである「自分の意見を持つ」きっかけになっているとも考えられる。

　第三に，自分の想いを実現できることである。これは，企画や話し合いを通じて自分の意見や「こうしたい」という想いを実現することである。

(2) 学習プロセスの考察

　先に挙げた3つの要因と，第3節で挙げた4類型の関係を見てみると，まず「知識・技術の獲得」「社会認識の変容」「他者認識の変容」（以上3つは第1〜3類型）については，3つの要因に影響されやすい傾向のあることが分かった。また，3つの要因群が起因でなくてもコミュニティ活動を通して単発で生じているケースがあることも分かった。

　しかし，第4類型の「自己認識の変容」は，3つの要因と結びつきが非常に弱かった。では，この自己認識の変容は，一体何が要因となって生じるのだろう。インタビュー内容を深く読み込んでいくと，興味深いことが分かった。「自己認識の変容」は，第1〜第3類型の学習が要因となって，生じていたのである。例えば，第4節でCさんは，コミュニティ活動を通して自身について「普通のおじさんになれた」と話し，「ここに来ると，あそこ（定年まで勤めていた企業）では偉い人だったけど，ここに来たらただのおっさん」と自分を認識するようになっていた。嬉しそうに語ったCさんは，「ただのおっさん」になったから寂しいということではなく，肩書が必要ないありのままの自分になれたという自由な気持ちをそのような表現で話してくれたのである。そして，それは企業に勤めていた頃の人間関係と，コミセンで関わる人との人間関係の違いに気づいたから，と話してくれた。その違いとは，コミセンでの人間関係は「利害関係がなくても話ができる」，「お互い過去を知らない」ままで「対等の立場

で」関わることのできる，ということである。このように，「他者認識の変容」が起こったからこそ，「ありのままで自由な自分」という自己認識に至ることができたのである。

さらに興味深いのは，次のようなことである。前節で紹介したとおり，Cさんは「他者認識の変容」の具体的な内容として，「コミュニティの一員としての自分を意識するようになった」とも語っていた。つまり，コミュニティの一員としての自分と，ありのままで自由な自分とが両立しているのである。このことから，コミュニティの一員になることが，そうした集団に埋没するのではなく，むしろ主体的な個人として成長することの後押しとなる可能性を見て取ることができる。

(3) 学習がもたらす波及効果

これまで述べてきた，コミュニティ活動を通した学習は，次のような効果をもたらす可能性がある。

まず，本人のQOL（quality of life, 生活の質）の向上である。つまり，コミュニティ活動を通して知識技術の向上や社会・他者・自己に関する認識の変容が促されれば，人生や生活を豊かに送る可能性を広げる。これは，本人のみならず周りの家族や職場にもよい影響を与えるであろう。

次に，地域コミュニティの充実（維持と発展）である。コミュニティ活動を通して，主体的・自主的な自己が生まれることはこれまで述べてきたが，そのような学習を遂げた人々が関わり合い続けるからこそ，さらに創造的なコミュニティが生まれるのでないだろうか。

6. おわりに

けやきコミセンのフィールドワークから，人々はコミュニティ活動を通して，知識・技術を獲得するとともに，自らの社会認識・他者認識・自己認識を変容させていることが分かった。そして，他者との活動の共有，コミセンの精神と

資料，自分の想いを実現することが要因となり，知識・技術の獲得と社会認識・他者認識が変容し，それが次に自己認識の変容を促していることも分かった。興味深いのは，コミュニティの一員となること（他者認識の変容）が，そうした集団に埋没するのではなく，むしろ主体的な個人として成長すること（自己認識の変容）の後押しになる可能性がみえたことである。

　そして，以上のような学習（意識変容）は，本人のQOLの向上と地域コミュニティの充実といった効果を生み出す可能性を秘めているのである。

　本章で見出された以上の知見をふまえ，これからの地域コミュニティ形成をすすめるための課題を下記に述べる。

　第一に，今回のインタビュー調査の対象は，すべて，けやきコミセンの運営委員会（けやきコミュニティ協議会の中核組織）のメンバーであるため，そうでない人々にも同様の学習が生じるのか，そのことも確かめていく必要がある。これから先，もっと創造的なコミュニティを生み出すには，特定の人だけではなく，極端に言えばコミセンの関わりが薄い人であっても学習（意識変容）が可能となる仕掛けをつくっていくことが必要なのではないだろうか。

　第二に，第5節で述べたように，コミュニティ活動を通して生じた学習（意識変容）は，地域コミュニティに効果を与えると考えられる。しかし，実際にどのようなプロセスを経て地域コミュニティが充実していくのか，コミュニティ活動を通した学習が地域コミュニティ形成における必須条件となるのかまでは本章では明らかにすることができなかった。今後は，地域コミュニティの充実と学習の関係について具体的な実証研究を行う必要がある。

　第三に，今の社会はコロナ渦にある。感染防止のために地域活動も制限され，例えばけやきコミセンの打ち合わせもオンラインで行う等，人々の直接的なつながりが抑制されている。こうした現状へのコメントを以下に述べて本章を締めくくりたい。

　もちろん，打ち合わせがオンラインになるだけで人間関係が薄れるようなことはないかもしれないけれど，私がフィールドワークで見てきた地域―小さな社会―は，直接人と関わったり共に活動をするからこそ生まれる信頼関係，そ

れを感じられる人と人との温かさ，支え合う精神，自分はここに居てもよいんだという自己有用感や自己肯定感など，これまで述べてきた意識変容が生じていた。

　だからこそ，オンラインで"つながり"を維持したとしても，その先に生まれる学習や意識変容，地域の変容の内容は変わってくるかもしれない。オンラインでは済ませることができない魅力や学びあいの場が，直接かかわるコミュニティ活動には存在するのだと思う。

　今の社会で必要とされる（対面による）コミュニティとは何か，そしてそこで生れる人と人との学びあいはどのようなもので，地域づくりにどのようにつながっていくのかを今後考えていく必要があるだろう。

謝辞：本研究をすすめるにあたり，お忙しい中時間を作っていただきインタビュー調査にご協力くださいました，武蔵野けやきコミュニティセンターの皆さまとの出会いに心より感謝申し上げます。

注

1）けやきコミセン自体は施設である。しかし，地元地域では「コミセン」という表現によって，そのコミセンに集う人々をも意味することが多い。そのため，ここでは「けやきコミセンというコミュニティ」という表現を用いた。
2）シャラン・B・メリアム，ローズマリー・S・カファレラ著，立田慶裕・三輪建二監訳『成人期の学習——理論と実践』鳳書房，2005年，p.374。
3）パトリシア・A・クラントン著，入江直子・豊田千代子・三輪建二訳『おとなの学びを拓く——自己決定と意識変容をめざして』鳳書房，1999年，p.204。
4）東洋「学習」依田新監修『新・教育心理学辞典』金子書房，1977年，pp.77-79。
5）井上健治「学習」日本教育社会学会編『新教育社会学辞典』東洋館出版社，1986年，pp.66-67。
6）OECD著，山形大学教育企画室監訳，松田岳士訳『学習成果の認証と評価——働くための知識・スキル・能力の可視化』明石書店，2011年，p.41。

第14章 コミュニティ行政と「共助」をつくる防災教育の実践

東京都三鷹市におけるアクション・リサーチ

柴田彩千子

1. まちづくりにおける防災教育の位置

(1) 求められる防災まちづくりと「共助」の構築

　大規模な自然災害の増加が顕著な現在，防災をテーマとした地域づくりの実践が一層求められている。2013（平成25）年に制定された「大規模災害からの復興に関する法律」の第3条 (基本理念) において，災害に対して将来にわたって安全な地域づくりを迅速に推進することが謳われており，これが各地で防災教育および防災まちづくりを進めていく際の法的根拠として位置づいている。

　防災まちづくりの根幹を成すものは，地域住民のつながりや支え合いの体制である。つまり，それは人々の「共助」の構築を育む営為であり，こうした営為は，従来から地域の社会教育が担ってきたテーマの一つである。

　例えば，東日本大震災の発災直後に，避難所として公民館をはじめとする多くの社会教育施設が機能した。こうした緊急の避難所運営が可能となった背景について，被災地の公民館事情に詳しい佐藤真は，釜石市の事例を挙げ，公民館職員が「地域の課題を把握し，住民とともに学んできたという事前の準備があったからこそできた」と述べている。釜石市では，発災前の2008年から各町内会長や各種団体役員，学校長などで組織する地域会議を公民館に設置した。地域会議のテーマを「防災体制の整備」に設定し，会議やワークショップを重ね，住民相互の防災に対する意識や連帯を高めていた。こうした釜石市の事例は，人々が防災という共通テーマを掲げ，さまざまな共同学習の実践を重ねる過程で，自ずと住民相互に共助の関係性が育まれたことを示すものである。

一方，東日本大震災から得られた教訓を基に，多くの研究者が防災まちづくりの実現化に向けて，学校施設を拠点とした共助の体制の構築の必要性を説いている。例えば，災害社会工学の研究者である片田敏孝は，コミュニティのなかでの求心的な施設として学校の位置づけが，これからさらに重要になり，「学校の地域コミュニティセンター的な位置づけも必要」であると述べ，学校施設とそこで学ぶ児童生徒を巻き込んだ地域ぐるみの共助の体制の構築が喫緊の課題であると提唱している[3]。東日本大震災後の復興教育に詳しい山崎憲治は，「持続可能な社会」の実現化に向けて「復興教育や防災教育を学校教育の中核に位置づけ，日常化，組織化，共有化，継続化の体制を整え」，子どもたちが地域住民とともに，こうした教育実践を積み上げていくことが重要であることを指摘している[4]。

　以上の先行研究より，防災に強いまちの体制を構築するためには，日ごろから住民が共助の関係性を構築するための実践を通して，住民同士の関係性を紡ぎ，相互に防災に対する意識を共有および強化しあう営為と，地域の社会教育施設，学校教育施設等の公共施設を，防災教育のために有効活用できるような位置づけを行い，災害が起きた際にはこうした施設が避難所として機能するように備えることが求められている。

(2) 東京都三鷹市におけるコミュニティ行政～コミュニティ・スクールの実践

　東京都多摩地域の東部に位置する三鷹市は，都心からのアクセスが良く，かつ武蔵野の森と称されるような緑豊かな人口19万人の自治体である。

　住宅都市である三鷹市のコミュニティ形成に着目すると，旧来からの生活共同体を形成してきた住民だけではなく，新たに来住した住民を組織化し，住民同士の多様なつながりをいかに構築するかが課題であった。こうした背景の下，1971年，当時の鈴木平三郎市長のもとに策定された「第二次中期計画」において，住民主体のコミュニティ形成の活動拠点として，コミュニティ・センターの建設が盛り込まれた。その後の1974年，市内の南西部に位置する大沢地区に大沢コミュニティ・センターが，全国初の住民協議会として発足した

「大沢住民協議会」の活動拠点として，建設された。さらに，1978年「三鷹市基本計画」では，市を7つのコミュニティにゾーニングし，7つの住区に1施設ずつコミュニティ・センターを「『市民の，市民による，市民による施設』として，（中略）地域の特性を反映して（中略）『市民生活の創造の場』，『市民自治実践の場』，『市民自治実践の拠点』として機能するよう期待するもの[5]」として建設する方針が示され，現在に至っている。本章では，この大沢地区の住民と小学校，大学，行政が協働した民学官連携の防災教育の実践について取り上げる。

　次に，三鷹市の学校教育に眼を向けてみる。三鷹市は，上述のコミュニティ行政の実践を基盤としたコミュニティ・スクールの取り組みの先進地域である。三鷹市の市立学校は，コミュニティ行政を実施していくためにゾーニングされた7つの住区を基盤として，中学校区が設定されている。三鷹市ではこの中学校区を学園と称し，7学園（おおさわ学園，にしみたか学園，三鷹中央学園，連雀学園，三鷹の森学園，東三鷹学園，鷹南学園）ごとに，小学校と中学校の連携体制が構築されている。コミュニティ・スクールの運営は，この学園ごとに小学校と中学校の合同学校運営協議会を設置し，地域との協働のもとに展開している。こうした学校と地域の協働の実践は，各学園に2名ずつ（連雀学園は3名）配置されている「SC（スクール・コミュニティ）推進員」のコーディネートによって促進される市民参加によって支えられている。なお，現在，三鷹市ではコミュニティ・スクールの取り組みを一層推進し，「スクール・コミュニティ（学校を核としたまちづくり）」の実現化に向けて，「学校3部制」の仕組みを整備し，学校を地域の共有地（コモンズ）として学校開放の独自の在り方を整備しているところである[6]。

　本章では，上述の大沢地区の住民協議会，市民活動団体，小学校，大学，行政が協働した民学官連携の防災教育の実践について取り上げる。

2. 三鷹市におけるアクション・リサーチ研究

(1) アクション・リサーチ研究の目的

　本章は，三鷹市の2021年度「民学産公」協働研究事業として実践した「学校を核としたコミュニティ形成と防災教育の学習プログラムの開発に関する研究」におけるアクション・リサーチ研究（以下，「協働研究」と略称する）を取り上げるものである。アクション・リサーチとは，研究者が研究フィールドに入り込み，そこで活動を行う人々と協働しながら行う研究の手法である。社会教育研究においては，佐藤一子が「研究者が社会教育実践や地方自治体の政策形成に参加し，また現場の職員が住民と共に研究をおこなう共同・協働関係づくりも，日常的におこなわれている」と述べているように，親和性の高い研究手法である。

　本章の目的は，コミュニティ行政の先進自治体である三鷹市において，地域の大人と子どもが学び合う防災教育の機会を，地域住民（大沢住民協議会），学校（おおさわ学園三鷹市立羽沢小学校），地域支援組織（一般社団法人みたかSCサポートネット），行政（市の防災課），大学との協働によって創出し，このような防災教育の実践から生まれた学びが，コミュニティ形成にもたらす事象とは何かを，アクション・リサーチによって考察するものである。

(2) 三鷹市大沢コミュニティにおける防災教育の実践
①「協働研究」実践の背景

　三鷹市の大沢地区では，2019年10月に発生した台風19号によって，地域を流れる野川が氾濫危険水位に達するほどの状況に及んだために，水害対策が喫緊の課題として横たわっていた。しかしながら，2020年3月に新型コロナウィルス対策の特別措置法に基づき，緊急事態宣言が出され，人と人の接触機会を極力減らすために，地域や学校教育の場では防災訓練や防災教育の機会を創出することが難しい状況にあった。

　このような状況下の2021年6月，協働研究に参画した組織をコーディネート

した地域支援組織「一般社団法人みたかSCサポートネット」のM氏，Y氏とおおさわ学園SC推進員のK氏，羽沢小学校長，大沢住民協議会のO氏，筆者との話し合いにより，児童が2020年度から学校教育現場で導入された一人一台の学習用タブレット端末を使用して学ぶことができるよう，水害に対応した防災教育のデジタル動画教材（以下，動画教材と略称する）を開発することになった。この動画教材は，市内の学校教育現場で活用されている副教材『カンガエル地域防災』(一般社団法人みたかSCサポートネット制作)をベースにしながら，[9]地域住民の防災教育に対する認識や要望を把握し，この教材に反映することによって，これが地域の大人と子どもを媒介するツールとなり，コロナ禍であっても地域の「共助」の体制を維持および構築することを企図した。

② 学校関係者間の認識の共有化

　動画教材の制作に着手する前に，羽沢小学校の児童の様子を把握するため，地域学校協働活動として実施された授業の参与観察を実施したうえで，動画教材の制作について，学校長と教職員，M氏，Y氏，K氏，O氏，筆者等は，学校における防災教育の現状と課題について話し合い，認識の共有化を図った。そこで話し合われた要点を整理すると，次の通りである。
・2019年10月発生の台風19号の被災以来，羽沢小学校周辺は浸水警戒区域に変更され，校舎は水害時の避難所から除外された経緯があり，水害に対応した防災訓練として，垂直避難訓練を実施している。しかしながら，コロナ禍のために保護者引き取り訓練を実施できる状況にない。
・校舎のすぐ側を流れる野川は，児童にとって身近な自然環境である。児童が，台風19号の野川や地域の状況を正確に知ることが求められる。
・野川を学習素材として「地域を知る・調べる学習」→「水害対策を学ぶ」→「行動計画を考える」という順を追って，教材を制作する。
・防災の知識を身につけるために，非常時に使用する学校施設のマンホールトイレや備蓄倉庫等の情報を，児童が知ることが大切であるので，このようなものを紹介する動画があるとよい。その際に，市の防災課と協働する。

以上の認識を共有化したうえで，大学の主導の下，4年生の「総合的な学習の時間」で活用可能な動画教材を制作することとなった。その際の学習のゴールを，大沢コミュニティ・センターで開催される地区防災訓練で，児童が学習した内容を，住民に向けてプレゼンテーションすることに設定した。

③ 住民協議会メンバーを対象としたインタビュー調査の概要と動画教材制作

　地域住民の防災教育に対する認識や要望を把握し，それを動画教材に反映するために，2021年7月，大沢コミュニティ・センターにおいてSC推進員のK氏のコーディネートのもと，大沢地区の住民と住民協議会のメンバー6名にインタビュー調査を行った。その後，防災教育をテーマに，大学のゼミ学生を交えて座談会を実施した。本インタビュー調査および座談会においてあきらかとなった事項，および動画教材に反映した事項を整理すると，次の通りである。

　第一に，2019年台風19号の災害時の様子については，「雨風が強くなり，野川の水位がみるみるうちに高くなった」「外を歩くのは危なくて怖いことを実感し，川の近くは本当に危険であった」「防災グッズを持って，建物の2階より高い所に避難した」「家族に高齢者がいるから，早めに避難所に避難した」「実際に避難する時は，事前に訓練していたとしても，誰もが慌ててしまうことがわかった」等の意見が挙げられた。こうした被災時の様子を，台風19号時の野川の氾濫した映像記録とともに，住民が児童に被災時の緊迫した様子を想起しながら語りかけることで，児童が災害時の事態を軽視するような正常性バイアスの壁を克服し，防災に対する当事者意識を醸成することを，教材制作において企図した。

　第二に，防災において地域の大人から子どもに伝えたい事項として，「地域の災害の歴史を勉強しておくことが大切である」「避難所までの安全な経路がわかる地域の安全マップがあるといい」「小学生の目線で作る地域の防災マップを作ってほしい」「家族の中で，日ごろから避難するタイミングを決めておくことが大事である」「地域の大人たちと日頃から顔見知りになってほしい，そのためには日ごろの挨拶や交流を大切にしてほしい」「地域の大人に災害時

に関わらず，困っていることを伝えることが大事なので，遠慮無く話しかけてほしい」「地域の祭りや防災訓練に参加してみてほしい」等，防災に直接関わる内容のものに加えて，「共助」の体制を作るため，地域の大人と子どもの交流の大切さについて，大人が子どもへ呼びかける映像として動画教材に組み込んだ。

　動画教材は，上述のような住民の意向を反映した映像を含め，実際に授業で部分的に活用する状況を想定し，教員や児童が使用しやすいツールとするべく，解説編と実践編に分けて制作した。解説編は，制作者（協働研究に参画した人々）から児童へのメッセージ，クイズ形式による自助・公助についての解説，台風19号時の野川の被災状況の紹介，上記の住民協議会メンバーの映像を編集したものである。実践編では，クロスロードゲームの紹介，マイタイムラインの作成，避難所でのエコノミー症候群予防のための対策ダンス（実演）等を盛り込んだ。教材の全体を貫くテーマは，前述の通り，防災の知識や情報の獲得を踏まえ，地域の「共助」の大切さを児童に伝えることである。

3.　考察──防災教育の実践から生まれた「共助」と学び合いの事象──

　羽沢小学校では4年生児童を対象として，協働研究によって制作した動画教材を活用しつつ，水害対策に特化した防災教育に取り組んだ。その後，児童はグループ活動として，自分たちの関心のある防災施設について調査し，その内容をイラストや写真，音声を駆使したパワーポイント資料にまとめ，地域の防災訓練時にプレゼンテーションを行った。[10]この防災訓練は地域自主防災対策本部が主催するイベントである。例年の参加者層は地域の中高年層が中心であったものの，この年は上述の理由により子どもが多数参加し，それに伴い，例年は防災訓練に参加しない保護者層や住民以外の大人（教職員や学生等）の参加も見られた。つまり，子どもが呼び水のような役割を果たし，日常生活では出会う機会の少ない多様な層の大人たちが防災訓練の場に参集することとなった。

　そこに参集した人々が児童から学び，プレゼンを行った児童に温かい拍手を

送っていた。プレゼン終了後には，「小学校入学時から知る子どもたちが，立派にプレゼンを行っている姿に感動した」「今の子どもたちは機器を自在に使いこなしていて感心する」「自分たちも何等かの防災活動を地域でやってみたい」等と大人たちは相互に感想を述べながら親交を温める光景が見られた。一方，児童からは「緊張したけど皆に褒めてもらえて嬉しい」「拍手をもらえたので頑張ってきて良かった」等の感想が聞かれ，このような機会が児童の自己有用感を高める機会となった様子が見て取れた。

　さらに，防災訓練の終了後，この場に参集した住民協議会の高齢者層が，こうした児童の取り組みに触発され，新たな学習活動を始めるに至った。ひとつには，自分たちも新たな防災活動をやってみようという意見が挙げられ，地域の防災拠点を歩いて巡る「防災ウォーク」の取り組みが始まった。2つには，オンライン学習の取り組みである。それまでは，コミュニティ・センターで高齢者を対象としたメディア機器の使い方を学ぶ講座が開催されていたものの，参加率は停滞気味であった。とくにコロナ禍に入ってから，高齢者の孤立化を防ぎコミュニティとのつながりを維持するためにオンラインで交流する必要性に迫られ，周囲に講座への参加を促されても参加を躊躇していた高齢者が，防災訓練で子どもが機器を使いこなしていた様子を見たことで，「あの子たちにできるのだから，自分たちにもできそうだ」と，オンライン学習に対する先入観を払拭して学習し始めたのである。このように，民学官連携によって「地域の共助の体制を強化しつつ，子どもの防災教育を充実させる」という共通目的を掲げて実践した協働研究の結果として，当初は意図していなかった事象が創出されていったのである。こうした無意図的な事象は，長期にわたって作られてきたコミュニティの基盤の上で，子どもと大人が学び合う機会が創出されたことによってもたらされたものであるといえる。さらに，ここでは，K氏がコーディネーターとしての役割を果たしていたことも，学習活動を促進させるうえでの重要な要素として挙げられるであろう。

　一方，防災教育の視点から捉えてみると，こうした事象は高齢者の災害時の避難援助を促すための重要な取り組みであるといえる。片田の研究グループに

よる実態調査の分析結果から，「高齢者は災害時に近隣住民への避難援助の要請に遠慮しがちな傾向にあること」と，「災害時の避難援助は日常的な地域コミュニケーションの延長に行われていること」があきらかにされている[12]。高齢者の健康増進を兼ねて楽しみながら行う「防災ウォーク」や，在宅時に社会とのつながりを維持するためのツールとなり得るオンライン学習の実践は，日常の中で住民同士のコミュニケーションを強化していくための営為として捉えられるであろう。

　本章で取り上げた協働研究は，単年度の実践ではあったものの，これによって民学官がネットワークを構築し，地域の子どもと大人が学び合う機会が生まれ，さらにそこから新たな学習活動が展開されていくプロセスを確認することができた。田中雅文が「あらゆるセクターの協働によってこそ，多様に発生する諸課題は解決し，未来の社会を賢明な方向に導いていけるものと考える[13]」と指摘しているように，日常的なコミュニティ活動の中で，協働を支える共助の体制をさまざまなセクターの参画によって育てていくことが，今後一層求められるのである。

注

1) 大規模な災害からの復興は，国と地方公共団体とが適切な役割分担の下に地域住民の意向を尊重しつつ協同して，当該災害を受けた地域における生活の再建及び経済の復興を図るとともに，災害に対して将来にわたって安全な地域づくりを円滑かつ迅速に推進することを基本理念として行うものとする。

2) 佐藤真「岩手の被災地の取り組みを見つめて」石井山竜平編著『東日本大震災と社会教育』国土社，2012年，p.120。

3) 片田敏孝『命を守る教育——3.11釜石からの教訓』PHP研究所，2012年，p.171。

4) 山崎憲治・本田敏秋・山崎友子編著『3.11後の持続可能な社会をつくる実践学——被災地岩手のレジリエントな試み』明石書店，2014年，pp.272-276。

5) 三鷹市編『三鷹市基本計画』三鷹市企画調整室，1978年，p.36。

6) 三鷹教育・子育て研究所事務局編『三鷹のこれからの教育を考える研究会 最終報告』三鷹教育・子育て研究所，2021年，p.28。

7) 筆者は三鷹市教育委員会所管の三鷹教育・子育て研究所の一員として，政策形成に関わる議論に参画しながら，三鷹市の2021年度「民学産公」協働研究事業

として，本章で取り上げる「学校を核としたコミュニティ形成と防災教育の学習プログラムの開発に関する研究（研究代表：柴田彩千子）」に取り組んだ。

8）佐藤一子『現代社会教育学』東洋館出版社，2006年，p.161。

9）一般社団法人みたかSCサポートネット編『カンガエル地域防災』2014年改訂。

10）防災訓練は，大沢コミュニティ・センターで2021年10月24日に開催された。児童はグループ毎に防災訓練の実施時間内で，3回にわたりプレゼンテーションを行った。各回ともに30名以上の聴衆が訪れ，児童の説明に耳を傾けていた。

11）SC推進員のK氏によると「防災訓練では高齢者の皆さんが子どもたちがタブレットを使ってプレゼンしていたことに驚いていて，自分たちも挑戦してみようというやる気を子どもたちから貰ったようです。高齢者のオンライン活用を推進していくうえで，ありがたいことでした」と述べている（2022年5月19日オンラインにてインタビューを実施）。

12）片田敏孝・山口宙子・寒澤秀雄「洪水時における高齢者の避難行動と非難援助に関する研究」『福祉のまちづくり研究：第4巻1号』日本福祉のまちづくり学会，2001年，p.26。

13）田中雅文『ボランティア活動とおとなの学び』学文社，2011年，p.240。

社会を紡ぐ「社会教育」

私は社会教育が大好きだ！ 社会教育の現場を離れて１年半が過ぎたが，その思いは変わらない。なぜなら，「自分は自分でいいんだ」と感じることができるからである。

≫ 大好きになったきっかけ

ふり返れば，社会教育課に配属された最初の年に参加した研修会で，他市の社会教育委員や職員と意見交換をする機会があった。そこでは，立場関係なく，お互いがそれぞれの考えを率直に伝え，社会教育について熱く語っていた。もちろん私にも「そうだよね！」と言ってくださり，あの時の嬉しさは今でも忘れることはない。誰の意見も否定せず，皆が生き生きと意見を交わし，なんて素晴らしい場なのだろうと感じると同時に，「社会教育では，自分は自分でいいんだ。いろいろな考えがあっていいんだ」と思えた瞬間だった。

それ以来，市民と対等に意見を交わし，社会教育について共に考えるこの仕事に，さらにやりがいを感じるようになった。どの業務も思い出深いが，「子ども会育成会」支援の業務がとくに印象的である。

≫ 感動がたくさん！「子ども会育成会」

子ども会育成会は，地域の子ども会を支援する親の会であり，親にとってはPTA役員と類似の役割である。多くの場合，くじで引いて大当たりとなり，仕事等で忙しくても，時間をやりくりして活動することになる。私はそのような保護者の方々からの「こんな活動に意味があるのか」「育成会廃止！」といった話を夜遅くまで連日聞き，子どもたちにとって一番良いことは何か，一緒に考えた。その時にはいつも，「皆でよく話し合ってみてください。立場や環境が違うので，意見が違うのは当たり前。相手の意見を否定しないで，まずは受け止めてみてください」と伝え続けた。

そのうち保護者たちの表情が変わり，だんだんと明るく報告をしてくれるようになった。役員の任期を終えると，地域の主役となって活動を始めた人も多くいた。こういった保護者たちの変化のきっかけの一つに，最初は嫌々始めた活動でも，互いに認め合い，自分の意見を否定されなかったことで，「自分は自分でいいんだ」と思った瞬間があったのではないかと思う。また，皆で困難を乗り越え，人とのつながりができたことで，その活動場所である地域が自分の居場所だと感じることができたのではないだろうか。

毎年保護者の方々から「役員をやったことでたくさんの人と関われて，とても良かった」「子どもは地域のたくさんの人に育てられていることがわかり，地域に感謝している」などと感想を聞くことが，担当として何よりも嬉しかった。そんな大人が多くいる地域には，子どもたちにも豊かな関わりがある。子どもたちが成長して大人になった時，人との関わりの素晴らしさを，さらにその子どもたちにも伝えてくれることだろう。

≫ 学んで紡いでいく

地域にはさまざまな人がおり，関わり合いながら社会がつくられる。価値観が違う人同士が認め合いながら人は学んでいく。その学びを踏まえて，また関わり合いながら，社会を紡いでいく。そうして人は，地域社会が自分の居場所であると実感していくのだと，社会教育主事の職務を通じて知ることができた。その社会は，誰にとってもあたたかい社会となって欲しいと願っている。社会教育はそのための手段であり，今後も必要なものである。私自身のこれからの人生でも，人との関わりの中で学び続け，社会教育を大切にして暮らしていきたいと思う。

石井のぶ江 所沢市教育委員会保健給食課主査。日本女子大学人間社会学部教育学科卒業。在学中の授業で社会教育の魅力に惹かれ，教職志望から転向。所沢市役所に入庁し，社会教育主事として社会教育行政に携わった。

学び合う関係を創る「すぎなみ大人塾」

≫めざしてきたこと

「すぎなみ大人塾」(以下,「大人塾」)は,2005年1月に策定された杉並区教育ビジョンにより,地域づくりのための大人に対する学習機会としてスタートした。

その背景には,2004年8月の杉並区社会教育委員答申「自分たちで自分のまちをつくる社会教育」がある。

そのため「大人塾」は,区民一人ひとりの可能性や新たな地域課題の発見に重点をおき,話し合いや地域での主体的な実践を通して学ぶプログラムとした。キャッチフレーズを「自分をふりかえり,社会とのつながりをみつける大人の放課後」として,区民一人ひとりが楽しみながら自分の可能性に気づき,他者とのつながりを深め,「相互扶助」や「住民自治」の意識を高めていく学びの場をめざしてきた。

≫事業の概要と特徴

スタートした当初は,平日の昼と夜,年間15回程度の連続講座として2コースを開催した。その後,土曜日の開催や回数を減らしての開催など形を変えながら,2017年度からは,総合コースおよび地域2コースの計3コースとして開催している。

2021年度は,コロナ禍での開催ということもあり,オンライン活用や定員の縮小という対応をしながら,基本は対面の講座として以下の内容で行った。
① 総合コース「学びカタ・ラボ」(全7回)
② 荻窪地域コース「「新・荻窪はっけん伝」を描こう〜荻窪を聴き歩き・知らなかったことを深めよう」(全5回)
③ 方南和泉地域コース「大人の寺子屋〜つなげよう方南和泉の"わ"」(全5回)

テーマや連続講座の回数は,この17年間で変化してきたが,受講者が話し合い相互に学び合う運営の基本は変わっていない。大人塾を主催する杉並区立社会教育センターでは,ファシリテーター等のスキルのある方を学習支援者として依頼して,講座企画や受講生の自発的な学びを引き出す毎回の講座運営を職員とともに行う形や,地域ですでに活動している方や大人塾修了生を学習支援補助者として依頼し,受講生の学習や自主活動を伴走者として支える形として,具体化してきた。

また,修了生によるネットワーク組織「大人塾連」と教育委員会が共催で,修了生の自発的な地域活動の交流の場をつくり,卒塾後の地域活動が持続,発展するよう支援し合う取り組みも,大人塾の特徴となっている。

≫取り組みの成果

これまでの受講生からは,大人塾という学びの場について,以下のような声が寄せられている。
① 自己啓発の場・情報収集の場・思考の場・自分の夢を形にする第一歩
② 杉並を知り,地域活動に目を向けたり考えたりする入口
③ 他者の考え方に触れ,自らの視野が広がる
④ 快適に暮らせるまちづくりを自分事として考えるようになる

そして,こうした声を具体化するように,修了生は,子どもの学びを支える地域活動に取り組んだり,杉並区の各所管課が協働の取り組みを推進するために用意している事業や組織に参画したり,自分らしさを生かして空き店舗などを活用した場づくりを行ったりと,多種多様な活動を生み出している。

私たち職員は,この大人塾の取り組みを通して,受講者の内発的な動機を尊重しながら,すでに持っている知恵や経験を相互に引き出し合いつつ再構築する学びの機会を提供することが大切であると考えている。

中曽根 聡 杉並区教育委員会事務局社会教育主事。平成元年度から社会教育センター勤務。現在は,学校支援課に所属し,コミュニティ・スクール等を担当。

西東京市公民館の地域づくり未来大学

≫「つどう・学ぶ・むすぶ」

西東京市柳沢公民館主催「地域づくり未来大学」は，学習者が学びを通じて地域の課題，生活課題に自ら気づき，その気づきから行動が変容し，問題解決の主体者となるよう，地域のさまざまな関係者，多様な関係機関と協力・連携して取り組む地域づくりを支援する学びの場である。

生涯学習実現のため公民館は，「つどう・学ぶ・むすぶ」の機能をフルに活用して，人づくりを通じた地域づくりの拠点という大きな使命をもち，地域住民の皆さんになくてはならない公共空間として，その役割を担い続けている。

≫実践型の学びの具体例

「地域づくり未来大学」では，以下の3要素を重視して，公民館が学習支援者となり，学習者の地域づくりの実践プログラムを作成展開して，双方向参加，ワークショップを活用して実践型の学びを行っている。

1. 地域で活動する団体，サークルを知る，調べる，イベント参加体験をすること，関連施設や機関，歴史的文化的史跡などの訪問調査から，地域を再発見すること。

2. 地域で活動する方たちとの交流，実践講話を通じ，日常の何気ない生活上の不便さ，困りごと，何かわからないがモヤモヤした不安などを学習者同士の話し合いから具体的な課題として見える化をする，さらに自分自身が当事者として何ができるかをグループで討議し，考えながら地域から学ぶこと。

3. 学びを仲間で相互に振り返り，未来に向けて街づくりの設計図を構想しながら学びの成果を地域へ循環していくことの仕組みづくりをめざすこと。

≫学びを続ける・学びを止めない

新型コロナ感染流行の厳しい財政状況，孤独・孤立，貧困問題等の社会課題の中，地域で住民が「学び」を通じて主体的に地域コミュニティを維持・再生することは急務である。また，コロナ禍では人と人とのソーシャルディスタンスが求められているが，一方でその物理的距離と反比例するように精神的な距離感を縮めることがこれからは必要と思われる。「地域づくり未来大学」が，学び続ける，学びを止めない公共空間を醸成し，生涯学習時代の学習支援機関としてこれからも活躍することを信じているところである。

小笠原　東生　日本女子大学非常勤講師，東京都公民館連絡協議会理事。(元) 西東京市公民館・社会教育主事。(元) 文部科学省主催公民館海援隊。

終　章　学習と地域づくりからみた　社会教育の可能性

田中雅文

1．はじめに——用語の確認——

　本書のタイトルは「生涯学習と地域づくりのハーモニー」，サブタイトルは「社会教育の可能性」である。ここで，生涯学習，地域づくり，社会教育という用語が何を意味するかについて，確認しておこう。

　生涯学習の最も広範な定義は「人が生涯にわたって学ぶこと」であり，そのような学びを支える主な教育として学校教育，家庭教育，社会教育が，教育によらない学習として偶発的な学習，独力的な学習などがある。[1] 次に，社会教育法によれば，社会教育とは「主として青少年及び成人を対象とする，学校教育以外の組織的な教育活動」である。本章では，生涯学習と社会教育は，これらの定義に則るものとする。ただ，実際の学習場面を想定すれば，それは生涯学習の中の一時点での学習である。そのため，文章中で地域づくりとの関係で使用する用語としては「生涯学習」ではなく，「学習」を用いる。

　一方，地域づくりは文脈によってさまざまな意味で使われる。最も包括的には，地域の状態を好ましい方向に変えていく過程の総称であり，そこには具体的な地域課題の解決，新しい文化・産業等の創造，コミュニティ形成などが含まれる。[2] そのような地域づくりには住民の主体的な参加が不可欠であり，その過程で必然的に学習が発生する。[3] そして，学習と地域づくりは互いに影響を及ぼしながら循環的に発展していく。[4] 本章では，このような学習と地域づくりとの関係を生み出す事業・活動としての社会教育に注目する。

　以上，本章における基本的な用語の意味を説明した。

2. 学習からみた地域づくりの系譜

(1) 戦後の復興期

　本節では，学習からみた地域づくりの系譜を，主に公民館を中心とする社会教育の側面から概観する。

　戦後における日本の社会教育は，1946年に出された文部次官通牒「公民館の設置運営について」(昭和21年7月5日　発社第122号　各地方長官あて　文部次官)から本格的にスタートしたといってよい。通牒によれば，これからの日本は，「すべての国民が豊かな文化的教養を身につけ，他人に頼らず自主的に物を考え平和的協力的に行動する習性を養うこと」によって「平和的産業を興し，新しい民主日本に生れ変ること」が大切であり，そのために「大人も子供も，男も女も，産業人も教育者もみんながお互に睦み合い導き合ってお互いの教養を高めてゆく」ことが必要である。そのような場所として，次のような性格をもつ公民館を「町村民の自主的な要望と努力によって設置」し，「町村自身の創意と財力とによって維持」することが理想だとしている。

　　　(公民館)は謂はゞ郷土に於ける公民学校，図書館，博物館，公会堂，町村集会所，産業指導所などの機能を兼ねた文化教養の機関である。それは亦青年団婦人会などの町村に於ける文化団体の本部ともなり，各団体が相提携して町村振興の底力を生み出す場所でもある。

　こうした公民館構想の中心的役割を担っていた寺中作雄(当時の文部省担当課長)は，自著(『公民館の建設』)の中で公民館は「われわれの為の，われわれの力による，われわれの文化施設」であり，「民主主義を実践しようとする新しい公民精神の修養場」であり，「社会教育，社交娯楽，自治振興，産業振興，青年の養成の目的を総合して成立する郷土振興の中核機関」だと主張していた。[6]

　以上のように，公民館は「まちづくり・村づくりの総合的な活動拠点」[7]としてスタートした。そして，当時の社会教育は「新たな地域コミュニティづくり

のための施策として，（中略）住民による地域経営を実現するための方途に位置づけられていた[8]」のである。戦後の社会教育は，公民館を中心とする住民主体の地域づくり活動の推進力として誕生したといえよう。

(2) 高度経済成長期

住民主体の社会教育活動は，その後の高度経済成長期（1955 〜 70年代初頭）には，都市化や工業化から住民生活を守るための学習戦略として機能した。つまり，政府や企業が推進する急激な地域開発や工業化から地域生活を守るため，学習活動に支えられた住民運動が各地でわき起こったのである。信濃生産大学をはじめとする農民大学運動，沼津・三島地区石油コンビナート進出阻止に代表されるような学習活動とリンクした公害反対運動などが有名である。

その一方で，公民館が教育行政の所管として明確に位置づくとともに，それぞれの地域課題に対応する施設が教育以外の各行政部門によって整備されるようになり，総合的な地域づくり拠点としての公民館の性格は薄れていった。社会教育の専門機関としての位置づけが鮮明になっていったのである。

そのような状況下，各地で新しい公民館や社会教育のあり方を探究する動きが広がった。そうした活動の成果としてよく知られているのが，「社会教育をすべての市民に」（枚方テーゼ，1963年），「公民館主事の性格と役割」（下伊那テーゼ，1965年），「新しい公民館像をめざして」（三多摩テーゼ，1973年）といった諸提言である。

(3) 消費社会の進展

高度経済成長期の終了後，急速に拡大したカルチャーセンターや大学公開講座などの競合相手の登場，都市化や消費社会化に伴う人々の地域離れ意識の拡大などにより，地域の学習拠点としての公民館の相対的な地位は低下した[9]。

さらに1988年，文部省生涯学習局の誕生によって全国的に生涯学習の振興が進められることになった。ただし，楽しく学ぶという意味での「生涯楽習」，生涯を生きがいと読み替えた「生きがい学習」といった言葉が生まれたりする

中で，生涯学習を個人の楽しみや生きがいの促進という限定された側面からとらえる傾向が広がった。生涯学習と社会教育は異なる概念であるにもかかわらず，従来の社会教育行政を生涯学習行政と読み替えただけという一般の理解と相俟って，自治体財政の悪化とともに個人の生きがいや自己実現に資する社会教育行政は不要という見方が広がることとなった。

こうして，行政以外の部門における学習機会の拡充，人々の地域離れ，生涯学習の概念における「個人の生きがい」の過度の強調などによって，公民館を中心とする社会教育行政は，その存在意義を問われることになった。

(4) 市民活動の台頭

高度経済成長期に興隆した住民運動は，その後の質的転換を経て，1980年代あるいは遅くとも90年代以降はさまざまな市民活動として活発化してきた。[10)]市民活動の法人化を後押しする特定非営利活動促進法（NPO法，1998年）により，その潮流はさらに大きなうねりとなって現代社会に浸透してきた。

市民活動は自らのミッションを達成するために，ワークショップ，講演会，各種講座といった社会教育の手法を用いる。つまり，市民活動と学習活動は表裏一体ということもできる。実際のところ，内閣府が公開しているNPOホームページによると，特定非営利活動法人（NPO法人）の約半数は社会教育の活動を行っている。しかも，市民活動の促進を図る各地の市民活動支援センターでは，市民活動のノウハウや社会的な課題に関する学びの場を提供している。こうして，市民活動団体や市民活動支援センターも，学習機会の提供という点で公民館や社会教育行政の競合相手となってきたのである。

社会教育法によれば，社会教育とは「主として青少年及び成人を対象とする，学校教育以外の組織的な教育活動」を指す。これに基づけば，民間企業，大学（開放事業のみ），市民活動団体等の提供する学習機会は，すべて社会教育に含まれる。したがって，(3)(4)の概観によれば，社会教育の活動が多様に広がっている中で，公民館等の社会教育行政の役割が厳しく問われているということができる。

（1）〜（4）でみてきたように，戦後の公民館および社会教育が地域づくりの包括的な役割を担っていたのに対し，その後の経過の中で，公民館と社会教育行政は地域と遊離し，多様な主体との関係において相対的に縮小傾向をたどってきた。他方，社会教育行政以外の社会教育は多様性を増してきている。そこで，次節では社会教育行政の内外に広がる社会教育活動の多様な実態と可能性に着目し，学習と地域づくりとの関係という観点に立って，本書の各部・各章で述べてきたことから論点を抜粋してみることにする。

3. 多様に広がる社会教育

(1) 地域と学校をつなぐ─第 1 部─

　第1章では学校と地域社会との連携の系譜をたどるとともに，学校支援の活動が地域住民の学びと成長につながり，住民同士の絆を強化し，ひいては地域づくりへと深化することを述べた。第2章では，授業内外および村の内外とのつながりを通して児童の学力が向上する可能性を分析した。地域住民との密接な関係を通して，子どもたちには狭い意味での学力にとどまらず，地域に生きる人間としてのアイデンティティ（将来の地域人材としての意識）も育まれるとみてよい。第3章では，学校支援ボランティアの活動を通した大学生の学びを分析し，学生に学びの循環が生じていることを見出した。第4章では，演劇的手法によって大学生が地域住民の意識変容を促すとともに，学生にも学びが生じることを示した。地域住民と学生との間に学びあいが生まれているといってよいだろう。

　以上のことから，学校支援は，将来の地域人材の育成，支援側の学びと絆といった成果を生むことで，地域づくりに効果をもたらす可能性をもっている。大学生と地域住民の学びあいも，地域に対する学生の関心の深まりと住民の意識変容を通してコミュニティの活性化へとつながる可能性を秘めている。これらをふまえると，小学校から大学までの校種によらず，社会教育事業として地域と学校をつなぐプログラムを多様に開発・実施することによって，学習と地

域づくりの相乗効果を生むことが可能となる。

(2) 共に生きる社会をめざして―第2部―

　第5章では，外国につながる子どもの母語学習支援が，外国人である支援者自身へのエンパワメント効果（子どもとの関わりや他の支援者との協働を通して自分自身の可能性を見出したこと）をもつことを示した。これは，地域における多文化共生にもつながる効果といえるだろう。第6章では，夜間中学の変遷と存在意義を考察している。学歴格差の問題を改めて考えさせられる論稿であるとともに，（在籍者の多くが日本国籍を有しない者であることから）多文化共生が地域づくりの重要なテーマであることを示唆するものである。第7章では，ミドルエイジを対象とする社会教育事業の分析を通して，この世代の地域参加を促す課題を抽出している。この世代における学習と地域づくりの相乗効果をどのように生み出すかを検討するための貴重な知見を提供している。

　以上のように，第2部の本文では多文化共生に関わる論稿が中心であるものの，コラムでは障害者・健常者間の共生や自然と人間との共生を論じた論稿が寄せられている。翻ってSDGsの17目標を共生という観点で見直してみると，その多くは人と人との共生，自然と人間との共生に関わるものであり，いずれも社会教育が取り組むべきテーマとして重要である。まさに，社会教育は持続可能な社会を学ぶ教育，つまりESDの役割を担うといっても過言ではない。[11]

(3) 子育て支援をめぐって―第3部―

　第8章では，ファミリー・サポート・センター事業の事例分析から，有償ボランティアの「有償性」がどのような意義をもっているかを分析している。その結果，ボランティアの意識変容に影響を及ぼし，ボランティア活動を広げていく効果をもつことが示されている。第9章では，「子どもと絵本に関するボランティア講座」を事例とし，参加者の学びあいによる価値観の共有，地域活動（読み聞かせ）への後押し，修了生によるネットワーク形成，「学びの循環」などを通して，質の高い教育力が地域社会に蓄積されていることを示している。

第10章では，公民館における保育つき講座の修了生の意識変容を分析している。その結果，仲間に対する共感や他者・社会に対する感謝に関する気づきが多くなっており，「保育つき」であることが自己よりも他者や社会に関する気づきを促したとしている。

　以上のことから，子育てや子どもの成長を支援する事業においては，意識変容[12]を通したボランティア活動の広がり，学びあいから地域活動・ネットワーク形成への発展，保育つき講座における他者・社会への感謝と，いずれも学習が地域や社会に対する意識・活動につながっていることが分かる。

(4) おとなの学びが未来を拓く―第4部―

　第11章では，生涯学習ボランティア団体の事例をもとに，実践コミュニティの育成過程とメンバーシップの具体的展開を検討しており，学びと活動のシームレスなつながりを見出している。第12章では，市民大学の系譜をレビューするとともに，「新しい市民大学」の考察を行っている。これは，若手職業人や学生が中心となり，ワークショップ形式などを用いた対話型の学習方法を重視し，地域活性化にも積極的にかかわる市民事業である。第13章では，コミュニティ活動を通じた成人の意識変容を分析している。コミュニティ活動が多様なインフォーマル学習を生み出すことを実証したものである。第14章では，住民協議会，市民活動団体，小学校，大学，行政といった多様な主体による協働（マルチステークホルダー・プロセス）による防災教育に着目し，そこでの共助と学びあいを分析している。とくに，子どものプレゼンに触発されてスタートした大人の学習活動が特筆されている。

　以上，第4部では，実践コミュニティや「新しい市民大学」という市民主体の新しい学びの形態，活動を通して学ぶインフォーマル学習としての意識変容，多様な主体による協働が生み出す学習，子どもと大人の学びあいなど，地域に密着した成人教育・成人学習の最前線に着目した論稿から構成されている。

4. 社会教育の可能性

(1) 「地域まるごと社会教育」構想

　前節でみたとおり，民間での動向を含め，社会教育の可能性は多様に広がっている。つまり，学校と地域をつなぐ種々のプログラム，持続可能な社会を創るための教育，子育てと子どもの成長を支援する講座などは，すべて社会教育の領域に含まれる。そしてこれらのかなりの部分は，福祉，環境，青少年（家庭），労働，市民活動など，さまざまな行政部門やNPO等の市民活動団体が主体となって提供しうる教育・学習事業である。さらに，成人学習の機会は多様な主体によって提供され，新しい学びの形態が次々と生み出されている。

　このように，もはや社会教育は公民館や既存の社会教育行政の範囲には収まらないのである。すでに確認したとおり，戦後まもなくの時期は，公民館が地域の総合的な学びの場であり，地域づくりの拠点であった。しかし，公民館が教育行政の枠内に位置づけられるとともに，さまざまな行政部門や機関・団体が学習機会を提供するようになった現代においては，公民館を含む多様な地域施設・機関や団体で地域づくりと関係する学習活動が行われ，それらがネットワーク化されることにより，地域全体が学習と地域づくりをつなぐ社会教育の舞台となるのである。このような考え方は，よく使われる「地域まるごと博物館」，シブヤ大学の「街がまるごとキャンパス」（第12章）という用語になぞらえてみれば，「地域まるごと社会教育」構想と表現することができる。

　もっとも，公民館は社会教育法で規定される専門機関であり，一定の条件のもとで設置・運営されるので，他の多様な施設・機関が公民館と同様の機能を果たせるかどうか，疑問視する見方もあるに違いない。第9次地方分権一括法による社会教育法の改正で規定されている特定公民館（教育委員会ではなく首長が設置・運営し，社会教育法によって公民館と同等の社会教育施設として位置づけられるもの）についても，社会教育関係者の間で批判的な見方が強い。[13]

　確かに，「地域まるごと社会教育」構想が学習と地域づくりの相乗効果をもたらすためには，いくつかの条件が必要と考えられる。第一に，それぞれの施

設・機関・団体に，学習と地域づくりをつなげる力量のあるスタッフ（例えば社会教育士）が配置されることである[14]。第二に，住民参画の仕組みが整っており，住民自身が地域ニーズを把握してそれに基づく学習機会を主体的につくり出すことが可能であることである。いわば，「需給融合型」の学習機会が当たり前[15]となっている必要がある。第三に，すべての施設・機関・団体がネットワークを形成し，地域全体に協働の体制が整っていることである。つまり，文部科学省が推進する「ネットワーク型行政」をも包み込んだマルチステークホルダー・プロセス（MSP）が地域全体に浸透する必要がある。第四に，これが最も基本的な制度上の条件かもしれないが，自治基本条例のような基本的な条例の中で住民自治と参加・協働のために「学習」や「社会教育」が担保されていることである。実際には，そのような自治体は極めて少ない。例えば，栃木県益子町の「益子町まちづくり基本条例」には「私たちは，社会教育を推進し，まちづくりに参加できる担い手を育成するよう努めなければならない。」（第12条の3）と明記されている。このような自治体が増加していくことを期待したい。

　上記のような条件が担保されるならば，公民館を含む施設・機関・団体のネットワークが総合力として社会教育機能を発揮し，学習と地域づくりの相乗効果を促していく可能性が高まるのではないだろうか。

(2) 前提としての学びあい

　コロナ禍が我々の社会を襲う少し前，2018年に内閣府大臣官房政府広報室が行った「生涯学習に関する世論調査（平成30年7月調査）」によれば，過去1年間に学習したことがある人の学習形態として最も実施率が高かったのは「インターネット」で約39%，これに対し「同行者が自主的に行っている集まり，サークル活動」（以下，サークル活動）は約14%であった（いずれも，公表されている数値（回答者全体を分母としたもの）に対し，学習したことがある人を分母とした数値に補正したもの）。これに対し，3年前の2015年に同広報室が行った「教育・生涯学習に関する世論調査（平成27年12月調査）」では，「情報端末やインターネット」が約20%，「サークル活動」が約30%であった。つまり，3年間でインター

ネットがサークル活動を大逆転したことになる。

　コロナ禍前は，現在のようにZoom等のテレビ会議システムがそれほど普及していなかったので，インターネットはほぼ個人学習とみてよい。それに対し，サークル活動は集団学習である。つまり，それまで優位にあった集団学習を，たった3年間で個人学習が追い抜いたということになる。その後，コロナ禍に入り，オンライン学習が普及し，（Zoom等による集団的学習も行われているものの）学習の個人化は一層強まったとみてよい。

　公民館などでの学習の多くは対面による集団学習である。そこでは，直接出会うことによる学びあいが地域課題を見出し，地域づくりの活動につながっていく可能性が広がる。第11章ではそのことを実証した。学ぶという意識がなくても，出会いの中で会話や集団的な活動を行うことによって，インフォーマルな学習が生じることも多い。第13章では，主にそのような学習（意識変容）の意義を検討した。前述の「地域まるごと社会教育」構想も，それが住民自身による地域づくりの活動に効果を与えるとしたら，その前提となるのは対面による集団的な活動ではないだろうか。

　しかし，DX（デジタルトランスフォーメーション：Digital Transformation）が進展する現代において，インターネットを用いた学習へのニーズは拡大している。内閣府大臣官房政府広報室が2022年に行った「生涯学習に関する世論調査（令和4年7月調査）」によれば，何らかの学習を行いたいと考えている人のうち，インターネットを通して学びたいとする人が約59％に達するのである（サークル活動は約18％）。もっとも，前述の2018年調査と上記2022年調査を比べると，調査方法では前者が「調査員による個別面接聴取法」で後者が「郵送法」（回収は約3分の1がインターネットによる），学習形態の質問で尋ねている内容は前者が「この1年間の実態」で後者が「今後の希望」であることから，厳密には比較できるものではない。とはいうものの，学習意欲をもつ人の約6割がインターネットによる学習を希望するという事実は，人々の学習がもはや対面の枠内に収まるものではないことを示している。

　実際のところ，障害者，職業人，子育て・介護等を担う人など，対面による

学習の場に出かけることが困難な人々にとって、インターネットは学習の可能性を広げてくれる。インターネットを通したオンライン型の集団学習の仕組みも今後はさらに充実し、距離の制約から解放された学びあいが活発になっていくに違いない。今やDXのメリットを活かした社会教育の刷新が求められているのである。

　コロナ禍によって、私たちは対面による直接的な交流の重要性を改めて認識することができた。一方で、立場や距離の制約から解放された、オンラインによるコミュニケーションの技術を向上させることもできた。対面型、オンライン型、両者を組み合わせたハイブリッド型という、3種の集団学習（学びあい）を必要に応じて使い分けることによって、「地域まるごと社会教育」構想が学習と地域づくりの相乗効果を高めていくことを期待したいものである。

＊

　本書は、筆者がこれまで授業、学位論文審査、研究員制度などを通じて関わりのあった研究者や実践者とともに作成したものです。執筆者のみなさまには、ご多忙にもかかわらず快くお引き受けいただき、しかも多様で意欲的な論稿を寄せてくださったことに心から感謝しています。とくに、編著者の柴田彩千子先生、宮地孝宜先生、山澤和子先生には、再三にわたる編集会議や原稿の取りまとめなどでご尽力いただき、お世話になりました。筆者が日本女子大学を退職する節目に刊行される本書が、生涯学習と社会教育の研究・教育・実践のさらなる発展に寄与できることを願っています。

　日本女子大学、とくに教育学科の教職員のみなさまには、これまで大変お世話になりました。研究室の運営に関しては、助手制度が整っていなかった時期は鈴木眞理子さん、中村文子さんをはじめとするアルバイトのみなさん、その後は助手の座間葉子さん、故・座間敬子さん、水野宏子さん、藤田清子さんにご助力いただきました。学生や卒業生、学内外のさまざまな方からも多くを学び、またお世話になりました。この場を借りて、心からお礼申し上げます。

【注】

1) 田中雅文・坂口緑・柴田彩千子・宮地孝宜『テキスト生涯学習──学びがつむ
   ぐ新しい社会──［新訂2版］』学文社，2020年，pp.1-3。

2) 田中雅文「地域づくりと学習」日本教育社会学会編『教育社会学事典』丸善出版，
   2018年，p.512。

3) Hamilton, *Adult Education for Community Development*, Greenwood Press,
   1992.（田中雅文・笹井宏益・廣瀬隆人訳『成人教育は社会を変える』玉川大学
   出版部，2003年）

4) ボランティア活動を例にとって，そのようなメカニズムを実証した研究として，
   田中雅文『ボランティア活動とおとなの学び──自己と社会の循環的発展』学文
   社，2011年がある。

5) 戦後の公民館の変遷については，佐藤一子『「学びの公共空間」としての公民
   館──九条俳句訴訟が問いかけるもの』岩波書店，2018年，牧野篤『公民館はど
   う語られてきたのか　小さな社会をたくさんつくる・1』東京大学出版会，2018
   年，牧野篤『公民館をどう実践していくのか　小さな社会をたくさんつくる・2』
   東京大学出版会，2019年が詳しい。

6) 寺中作雄『〈現代教育101選〉55　社会教育法解説　公民館の建設』国土社，
   1995年，p.190, 202。

7) 佐藤一子，前掲書，p.70。

8) 牧野篤，前掲書，2019年，p.173。

9) 奥田道大は，こうした意識を近代的個我（私的生活中心主義やプライバシー志
   向）と呼んでいる（奥田道大『都市と地域の文脈を求めて』有信堂高文社，1993
   年）。

10) 高田昭彦（「現代市民社会における市民運動の変容──ネットワーキングの導入
   から『市民運動』・NPOへ」青井和夫・高橋徹・庄司興吉編『現代市民社会と
   アイデンティティ──21世紀の市民社会と共同性：理論と展望』梓出版，pp.160-
   185）は，次のように述べている。「住民運動を含む対決型の市民運動が，1980年
   代にネットワーキングや行政・企業等とのパートナーシップの考え方を取り込
   み，オールターナティヴの提案・実現を目的に据えるようになった。この時点
   から，担い手自身が市民運動を市民活動と呼ぶようになり，1990年代にはNPO
   という具体的な組織形態を獲得した。」

11) 佐藤一子も，公民館の学習課題としてESDの重要性を強調している（佐藤一
   子，前掲書，pp.145-156）。

12) 「経験による行動（意識レベルを含む）の変容」（井上健治「学習」日本教育
   社会学会編『新教育社会学辞典』東洋館出版社，1986年，東洋「学習」依田新
   監修『新・教育心理学事典』金子書房，1977年，pp.77-79）も含めて考えるなら，
   自分自身の意識や態度の変容もまた学習だと考えることができる。

13）長澤成次『公民館はだれのものⅡ──住民の生涯にわたる学習権保障を求めて』自治体研究社，pp.55-60 など。

14）社会教育と社会関係資本の観点から地域づくりの課題を総合的に分析した荻野亮吾は，地域のネットワークの結節点にある公民館の職員の役割が重要であることを指摘している（荻野亮吾『地域社会のつくり方──社会関係資本の醸成に向けた教育学からのアプローチ』勁草書房，2022 年，p.256）。これを敷衍すれば，有給か否かを問わず，地域の主要な施設・機関・団体に専門性を有するスタッフが配置されることは，地域づくりの基本条件といえる。

15）田中雅文『現代生涯学習の展開』学文社，2003 年，pp.24-25。

［監修者］

田中　雅文 （たなか　まさふみ）

1954 年和歌山県出身。東京工業大学大学院理工学研究科修士課程修了（社会工学専攻）。博士（学術）。三井情報開発（株）総合研究所副主任研究員，国立教育研究所生涯学習研究部生涯学習体系研究室長を経て，現在，日本女子大学人間社会学部教授。生涯学習と地域づくり・ボランティア活動との関係を研究。市民として，武蔵野の雑木林の保全，生涯学習と地域づくりの好循環の促進などにも取り組む。
【主な著書・論文】
「コミュニティ政策と社会教育との関係」（単著，日本社会教育学会編『日本の社会教育』第 63 集，東洋館出版社，2019 年），『ボランティア活動とおとなの学び』（単著，学文社，2011 年），『現代生涯学習の展開』（単著，学文社，2003 年），『社会を創る市民大学』（編著，玉川大学出版部，2000 年）など。

［編著者］

柴田　彩千子 （しばた　さちこ）

1974 年岩手県出身。日本女子大学大学院人間社会研究科博士課程後期修了（教育学専攻）。博士（教育学）。日本女子大学人間社会学部専任助手，帝京大学教育学部専任講師，准教授を経て，現在，東京学芸大学総合教育科学系・東京学芸大学大学院教育学研究科准教授。
【主な著書・論文】
「地域と学校をつなぐ人材に関する一考察」（単著，『日本生涯教育学会年報』第 43 号，2022 年），「学校を核とした地域づくりと社会教育の関係性における検討」（単著，日本社会教育学会編『日本の社会教育』第 63 集，東洋館出版社，2019 年），『地域の教育力を育てる』（単著，学文社，2014 年）など。

宮地　孝宜 （みやち　たかよし）

1971 年広島県出身。日本女子大学大学院人間社会研究科博士課程後期単位取得退学（教育学専攻）。東京都台東区教育委員会社会教育指導員，日本女子大学人間社会学部助教などを経て，現在，東京家政大学人文学部・東京家政大学大学院人間生活学総合研究科准教授。
【主な著書】
『社会教育経営のフロンティア』（分担執筆，玉川大学出版部，2019 年），『テキスト生涯学習［新訂版］』（共著，学文社，2015 年），『ボランティア活動をデザインする』（分担執筆，学文社，2013 年）など。

山澤　和子 （やまさわ　かずこ）

1952 年東京都出身。日本女子大学大学院人間社会研究科博士課程後期修了（教育学専攻）。博士（教育学）。日本女子大学人間社会学部非常勤講師，日本女子大学人間社会学部助教，日本女子大学人間社会学部客員准教授を経て，現在，東京都立広尾看護専門学校講師。
【主な著書・論文】
『女性の学びと意識変容』（単著，学文社，2015 年），「『気づき』からみた女性の学習と意識変容」（単著，『日本学習社会学会年報第 4 号』，2008 年），「女性の意識変容の促進におけるライフストーリーの有効性―『気づき』に視点をあてて」（単著，『日本生涯教育学会論集 28』，2007 年）など。

生涯学習と地域づくりのハーモニー――社会教育の可能性

2023 年 1 月 28 日　第 1 版第 1 刷発行

監修者　田中　　雅文

　　　　柴田　彩千子
編著者　宮地　　孝宜
　　　　山澤　　和子

発行者　田中　千津子

〒 153-0064　東京都目黒区下目黒 3-6-1
電　話　03（3715）1501 ㈹
FAX　03（3715）2012
https://www.gakubunsha.com

発行所　株式 学 文 社
　　　　会社

印刷所　新灯印刷

ISBN978-4-7620-3215-8